门萨智力大师系列

MENSA
门萨数学谜题

英国门萨有限公司 / 著　丁大刚　秦国文 / 译

华东师范大学出版社
ECNUP
全国百佳图书出版单位

图书在版编目（CIP）数据

门萨数学谜题/英国门萨有限公司著；丁大刚,秦
国文译. 一上海：华东师范大学出版社,2018
　ISBN 978-7-5675-7853-1

　Ⅰ.①门… 　Ⅱ.①英… ②丁… ③秦… 　Ⅲ.①智力测
验 　Ⅳ.①G449.4

中国版本图书馆 CIP 数据核字(2018)第 128198 号

MENSA：MATHS TESTS
Puzzle text and content © British Mensa Limited 2016
Design and artwork © Carlton Books Limited 2016
This edition arranged with CARLTON BOOKS
through BIG APPLE AGENCY, LABUAN, MALAYSIA.
Simplified Chinese edition copyright：
2018 SHANGHAI 99 READERS' CULTURE CO.，LTD.
All rights reserved.

上海市版权局著作权合同登记 　图字：09-2018-424 号

门萨数学谜题

著　　者　英国门萨有限公司
译　　者　丁大刚　秦国文
项目编辑　乔　健　陈　斌
审读编辑　徐惟简
装帧设计　李　佳

出版发行　华东师范大学出版社
社　　址　上海市中山北路 3663 号　邮编 200062
网　　址　www. ecnupress. com. cn
电　　话　021-60821666　行政传真 021-62572105
客服电话　021-62865537　门市(邮购)电话 021-62869887
地　　址　上海市中山北路 3663 号华东师范大学校内先锋路口
网　　店　http：//hdsdcbs. tmall. com

印　刷　者　山东临沂新华印刷物流集团有限责任公司
开　　本　700×1000　16 开
印　　张　8.75
字　　数　192 千字
版　　次　2018 年 9 月第 1 版
印　　次　2024 年 12 月第 6 次
书　　号　ISBN 978-7-5675-7853-1/G·11196
定　　价　59.00 元

出 版 人　王　焰

（如发现本版图书有印订质量问题,请寄回本社客服中心调换或电话 021-62865537 联系）

什么是"门萨"?

"门萨"是世界顶级高智商俱乐部的名称。

拥有十万多名会员，遍及全球四十多个国家。

俱乐部的宗旨是：

从人类利益出发，确认、培养以及巩固人类智力；

鼓励开发研究人类智力的本能、特征和用途；

为其会员提供宝贵的智力激发、交流和发展的机会。

任何智力测试得分在世界人口前2%的人都有资格成为门萨俱乐部的一员——您是我们一直在寻找的那"2%"吗？

门萨成员享有以下权益：

国内外线上线下社交活动；

量身打造的兴趣小组——从艺术到动物学研究，百余种选择只为迎合您的兴趣爱好；

会员月刊和当地活动时讯；

同城聚会——从游戏竞技比赛到小食、酒水聚会；

国内外周末聚会和会议；

激发智力的讲座与研讨会；

享受SIGHT（国际向导和接待游客）组织所提供的服务。

导言

谜题的历史和人类历史一样悠久。这是肯定的，我们的大脑就是以解决谜题的方式来思考的。我们的眼睛观察到的是周围世界的各个组成部分，大脑把各部分整合在一起作为整体来理解。我们把每个部分与我们熟知的事物，从形状、大小、色彩、质地方面进行比较，有成千上万种性质，并把它们归入大脑中已有事物的类别。同时我们还关注其周边的事物，并检测我们所知道的情况，根据我们的理解为其赋予背景。通过这种关联思维，我们便能理解新事物，从而理解当下的世界。也许之前从未见过落叶松，但我们仍能认出它是一棵树。大多数时候，只要知道基本类别就够了，但每当我们思考一个事物时，总要通过相互参照、分析，最终得出结论——这就是一个解决谜题的过程。

这种逻辑分析推理能力是我们大脑这座"兵工厂"里威力最大的武器之一，另外还有创造力和横向思维能力。如果没有逻辑推理能力，世界上就没有科学，数学就仅仅是记个数：当然我们可以摆脱愚昧，但是在智力上并不会有多大的发展。

此外，我们不自觉地把自己与他人进行比较，也会在大脑中与其他事物进行比较。这种比较的目的是想明白我们自己所处的位置。因此我们本能上就渴望竞争，与最好的自己竞争，也与他人竞争。通过锻炼身体、突破个人局限可增强人生体验、身体灵活性和力量，思维训练也具有相同的效果。演绎推理可以让我们获得一种满足感并实现自身的价值，从而塑造我们的自我形象。当成功解决某事时，我们会有一种成就感，尤其是当我们怀疑自己很难做到时。

大脑通过分析、辨识文字图案和逻辑推理为这个世界赋予意义，并使其变得井然有序。我们自我测试和评估的冲动是大脑这一功能的自然结果。因此，花时间解答谜题是再自然不过的一件事了。

谜题的起源

解决谜题的迫切愿望似乎是人类普遍存在的、永恒的共性。在每一种文化中，在每一个历史时期，都有考古记录记载着谜题。迄今为止发现的关于谜题的记载可以追溯到公元前两千年左右，而我们所知道的第一个真正意义上有文字记载的谜题可追溯到公元前两千六百年。这个谜题的文本记录在一张泥板上，出现在古巴比伦，是一个基于计算三角形边长的数学谜题。

同一时期也发现了其他谜题。古埃及的莱茵德纸草书描述了一个谜题，几乎可以肯定英国传统谜题"当我去圣艾夫斯的时候"就是其现代翻版。在莱茵德纸草书中，有一个这样的谜题：有虚构的七座房子，每座房子里有七只猫，每只猫杀了七只老鼠，每只老鼠吃了七粒小米。

还有一种类似的谜题：约公元前一千七百年，腓尼基人在塞浦路斯发现了一套早期谜壶，这套谜壶的设计正是后来中世纪欧洲的流行风格。这种独特的壶，属于阿斯考陶壶的一种，必须从底部注入液体。这种容器设计巧妙，后来演变成人们熟知的卡多根茶壶(倒流壶)。这些壶没有盖子，需通过壶底部的穿孔才能往壶里注水。因为壶底中心有一根通心管，类似漏斗形，当水加到一定程度，将壶放正后，里面的水也不会流出来。

更早的发现确实存在，只是时间长了，一些谜题内容已失传，很难确定当时的创作者是专门想出这类谜题，还是仅仅作为数学论证。一组古巴比伦泥板显示的几何级数——数学序列，可追溯到公元前两千三百年。更早的一项数学发现可能源自公元前两千七百年，那是一组被雕刻成正多面体形状的石块。它们是规则的凸

多面体——由完全相同的正多边形构成的三维立体形状。最常见的是正方体，它由六个正方形构成，还有另外四种：四面体——由四个等边三角形构成；八面体——由八个等边三角形组成；十二面体——由十二个五边形构成；二十面体——由二十个等边三角形组成。这些石块到底是用作教具、谜题、游戏、理论演示、艺术品，还是宗教符号，目前还没有办法确认。事实上，它们的确存在，它们的存在也表明有人曾经花时间在研究一个重要的抽象数学谜题——到底存在哪些规则的凸多面体。

第一座迷宫

而在同一时期也出现了一个有史以来最伟大的建筑谜题。埃及法老阿门内姆哈特三世建造了一座金字塔墓，墓位于一座巨大的神庙中，神庙以令人难以置信的迷宫形式建造，相当复杂。这样的设计旨在保护法老的木乃伊和宝藏免遭打扰或盗窃。迷宫建造奢华，设计巧妙，据说这和代达罗斯①在克诺索斯为克里特岛国王弥诺斯建造的著名迷宫的建造灵感和模式是一样的，克里特迷宫就是传说中有人身牛

2

① 代达罗斯（Daedalus），希腊神话人物，一位伟大的建筑师和雕刻家。

头怪物弥洛陶洛斯的那座迷宫。

解谜的历史

随着时间的推移，越来越充分的证据证明了谜题的多样性和复杂性，这是考古和历史研究的必然。古希腊传说表明，有数字的骰子发明于公元前一千二百年左右特洛伊围城期间。我们知道，从公元前五世纪到三世纪，横向思维谜题和逻辑谜题曾在希腊文化中掀起一阵狂热。约公元前五百年，希腊出现了许多重要的数学作品，到公元后的数百年间，这些数学作品流传至罗马。同一时期，中国人也在玩数字谜题，人们称之为"洛书"（河图），而且还产生了更复杂的数学作品。

随着时间的推移，流传到现代的谜题和类似的智力游戏也越来越普遍。约公元前五百年，围棋在中国出现了，一千年后流传到日本，到现在，围棋仍是一项重要的活动。与此同时，国际象棋出现在印度和中国，印度人叫它"恰图兰卡"，在中国被称作"象棋"。 约公元三世纪，中国人已经知道如何解九连环了，公元七百年左右，蛇棋也出现了。

牌戏最早见于公元九六九年关于中国皇帝穆宗的记载。这不是现在西方熟知的扑克牌，而是看起来像十一、十二世纪期间波斯出现的纸牌游戏。公元一六九七年，纸牌谜题首次被记载下来。十八世纪末十九世纪初，工业革命的力量开始真正改变思想传播方式，谜题呈爆炸式发展。以下是一些更著名的例子：一七六七年，约翰·斯皮尔斯布里发明了智力拼图游戏；一八二〇年，查尔斯·贝巴奇首次正式讨论一字棋（井字棋）；一八三〇年，美国出现了扑克；一八八三年，卢卡斯发明了汉诺塔；一九一三年十二月二十一日，《纽约世界报》出现了第一个填字游戏，由亚瑟·韦恩创作；一九七四年，厄尔诺·鲁比克发明了魔方；一九七九年，美国人霍华德·格昂斯为《戴尔杂志》发明了数独，首次称之为"填数游戏"。

是否对大脑有益

事实证明，谜题是锻炼人类心智不可或缺的一部分，解谜更是一件益事。科学领域内，有关神经学和认知心理学研究的最新成果十分强调谜题和思考力训练的重要性，这是前所未有的。

据了解，我们的一生中，大脑不断地在建立、塑造并协调自我，它是人体唯一能够做到这些的器官。以前，我们假设大脑是为了优化婴儿发育而构造的，但事实是它不断地重新"编写"自己的操作指令。它可以避开物理性损坏，在处理日常事务和程序时实现效率最大化，并根据我们的经验改变其结构。这种不可思议的灵活性被称为可塑性。

可塑性最重要的含义是，我们的智力和认知能力可以在任何年龄进行锻炼。就像肌肉一样，我们的大脑可以对运动做出反应，让我们有更好的记忆力和更发达的脑力。当然，我们的幼年生活是最重要的时间段。婴儿产生的突触几乎是成人大脑数量的两倍，以确保能学习到每一种经验并且在发展心智结构时有其自身的空间。人生前三十六个月特别重要，人的智力、品格和社会生活的模式都将在这一时期形成。从儿童时期大脑不断发育，直到成人时期都一直接受良好的教育，这是之后心智健康的重要指标之一，那些接受良好教育后继续从事智力挑战工作的人更是如此。

重要的是，二十五岁的大脑和七十五岁的大脑几乎没有区别。随着时间的流逝，大脑会进行自我优化以适应我们的生活方式。处理常规事务时，几乎不需要重新调整脑回路就可高效地工作。用之则进，不用则退——同理，锻炼身体可以强健肌肉，脑力训练可以让我们的大脑更

"聪明"。

解谜和大脑发育

有很多老年人智力衰退，数量相当惊人。目前认为导致这一现象的原因是缺乏思维训练。严重的智力衰退的产生通常与阿尔茨海默症的组织损伤有关——然而现在甚至有证据表明：费脑的思维训练可以让大脑避免阿尔茨海默症，减小损伤。在其他情况下，只要没有器官损坏，大脑衰退的主要原因就是大脑的"停运"。尽管有之前的假设，但是随着年龄的增长，我们并没有明显地损失大量的脑细胞。可喜的是，已萎缩的脑力可以重新恢复。

全世界的研究项目发现了关于头脑灵活的睿智长者的一些情况，包括高于平均水平的受教育程度、接受变化、个人成就感、体育锻炼、聪慧的配偶、积极投入生活，包括阅读、社会活动、旅游、与时俱进和定期解决谜题。

然而，并不是所有我们想去参与的事情都是有益的。有益智力的事情是能积极激发智力的，例如解决拼图、填字游戏和其他智力游戏，下棋，阅读一些能激发想象力或者需要动动脑才能消化的书籍。然

而，被动的追求智力实际上可能加速智力的衰退。此类最损害智力的消遣就是看电视，但出人意料的是，任何让您"关闭"智力的事情都是有害的，例如听某些类型的音乐、阅读内容低级的杂志，甚至包括大部分社交都通过电话进行这样的事情。如果想进行有益身心的社交，请进行面对面的交流。

哥伦比亚的研究

纽约哥伦比亚大学的研究团队对来自曼哈顿北部地区的一千七百五十多名养老金领取者进行追踪研究，为期七年。该研究对其对象进行定期的身心检查，以评估他们的智力健康情况和大脑性能。研究对象还向研究人员提供了有关他们日常活动的详细信息。研究发现，即使不考虑教育和职业成就，他们的休闲活动也大大降低了罹患阿尔茨海默症的风险。

该项调研的研究者雅科夫·斯特恩博士发现，即使控制诸如族群、教育和职业等因素，频繁参与休闲活动的对象患病风险降低了38%。活动分为三类：体能、社交和智力。研究发现，每一类活动都是有益的，但最具保护性的来自于智力活动。活动越多，保护的程度越大，每一项休闲

活动递增效应为8%。斯特恩还发现，休闲活动有助于防止阿尔茨海默症所造成的身体伤害：

"我们的研究表明，生活经验的方方面面提供了一套技能或指令，使个体能够在疾病具有明显临床表现前长时间对抗阿尔茨海默症的发展，保持智力活跃并参与日常活动的社交可以缓解健康个体的晚期认知衰退。"

保持头脑清醒

下面的研究结果强有力地支持了斯特恩的结论。芝加哥急性阿尔茨海默症中心的戴维·贝纳特博士主导了一项研究，每年对一组年高睿智的对象进行评估，然后在其死亡后检测他们捐赠的大脑是否有阿尔茨海默症的迹象。研究对象在脑力、社交和体力上都很积极地生活，在死亡时都没有罹患阿尔茨海默症。研究人员发现，超过三分之一的研究对象脑组织损伤程度达到阿尔茨海默症的标准，包括脑部组织的严重病变。例如，在记忆测试中，这一组的得分比其他研究对象低，但在认知功能和推理测试中表现相同。

在圣母姐妹学校修道院修女的帮助下进行了一项类似的研究。该修道院人员的

平均寿命高达八十五岁，当结果显示没有人患阿尔茨海默症，这个修道院引起了研究人员的注意。修道院最显著的特征是：修女们避免懒惰和精神空虚，特别努力保持思维活跃；鼓励参加各种各样的活动，例如解决谜题、玩挑战性游戏、写作、举办关于时事的研讨会、编织等，并与地方政府保持联系。就像前面提到的，有大量证据表明，即使是九十多岁的研究对象，阿尔茨海默症带来的更多的是身体上的损害，而非智力损害。

脑力的恢复

其他研究也试图列举智力活动的益处。新南威尔士大学精神病学院的迈克尔·巴伦苏埃拉主导了大规模团队追踪，并研究了全球近三万人的数据信息。研究结果很清楚——也证明了以前在教育、事业和心理健康之间发现的同样明确的联系，所有的条件中，日常生活包括高度用脑的人罹患阿尔茨海默症的可能性降低了46%。即使对于那些随着年龄增长而承受智力挑战的人来说，这也是真实的——如果您使用智商，大脑会适应于保护它，如果不用它，大脑会让它停滞不前。

与其说解谜是一门科学，不如说是一门艺术。它需要头脑灵活，掌握基本原理，理解基本游戏规则，有时候需要一点直觉。比如经常说的填字游戏，您需要领会作者的风格才能真正擅长解他或她的谜题，但在一定程度上这也适用于其他类型的大多数谜题，包括您将在本书中发现的许多种谜题。

序列谜题

序列谜题需要您找出缺失值或缺失项，或根据隐藏的规律完成谜题。在这种类型的题中，您可以根据序列中充分提供的项，发现隐藏的逻辑。只要理解了序列，就可以计算出缺失项。当谜题简单时，能一眼就看出序列规律。不难算出在序列1、2、4、8、16中，下一个数是16的两倍，所以16后面的数是32。虽然数字序列只是数学公式的表达式，但这种谜题也可以变得无限复杂。

当然，难度适中的谜题在人类能力解决范围之内。越复杂的题，最好的方法通常是计算序列中逐项之间的差异，并从这些差异改变的方式中寻找规律。您还要注意，在一些谜题中，序列的项可能不一定只代表它本身。每个项的不同部分或数字可能会根据不同的运算方式重新组成序列。例如，序列921、642、383、164，实际上是三个混合在一起的简单序列——9、6、3、0；2、4、8、16和1、2、3、4。下一项是-3325。或者，有些谜题中，序列项以时间的形式给出，可能它们仅仅代表数字所描述的时间，但也可能只是数字本身，或是完全不同的另一组序列中的一对数字，或者甚至需要将时间从小时进行转换：分钟都转换为分钟，直到序列变得明显。

例如，11:14在一个谜题中可能代表时间11:14，或者可能代表时间23:14或数字11和14、数字23和14、数字1114、数字2314，甚至数字674（11×60分钟，加上剩下的14分钟）。正如您所看到的，解决序列谜题需要一定次数的试验和失败，以及一定程度的横向思维来测试不同的可能性。煞费苦心的出题者希望您能挖掘所示信息的内涵外延，猜出某种序列。因此，在没有其他提示的情况下，11:14几乎不可能表示11个月和14天，或十一月十四日，或者11小时14分钟，当然，除非给出11:14:00。

以字母为基础的序列都是有所代表的，与数字不同的是，字母没有作为符号的深层结构。只要能推断出这些字母代表什么，答案就很明显了。序列D、N、O

可能看起来很抽象，除非您能想到一年中月份的倒序（December、November、October）。在视觉序列中，例如方格图案，序列就在那儿等待您的发现，您的任务是找出重复的图案。与数字序列一样，简单的方格图案序列规律很明显。在较难的谜题中，序列可以变得很长，并且通常呈现方式让人迷惑，难以识别出来。针对这种类型的方格谜题，出题者喜欢从底部右边的方格开始，然后按螺旋形或从左到右、从右到左（从上到下、从下到上）来回反复的方式，有时甚至按对角线形式出题。

同中选异问题是一种特殊的序列题，给出序列项或相关元素集，连同一个不符合规律的项。像其他序列谜题一样，这些题可能很容易，也可能难到几乎不可能破解。在2、4、6、7、8中发现异数轻而易举。但要从B、F、H、N、O这组序列中找出异项，几乎不可能，除非您已经知道这组序列是元素周期表第二行的元素。即便这样，您可能还需要参看一份元素周期表才能发现氢H位于第一行。和任何其他序列题一样，所有同中选异题需包含足够的信息，其中的文字和标题会为您找到正确答案提供背景知识。在上面的例子中，一个"元素谜题"的标题足以使它成为一个公平的谜题。

方程式谜题

方程式谜题与序列谜题相似，但解题方法与之略有不同。在方程式谜题中，给出一组数学运算，其中包括一个或多个未知项，可用方程式来表示，例如传统方程 $2x + 3y = 9$，或者用直观的方式表示，例如天平的一端是两个铁砧和三根铁条，天平的另一端则放九个马蹄铁，天平两侧保持平衡。

对于每个未知数——x、y或铁砧等，您需要一个方程式或其他一组值才能计算出正确答案。如果缺少这些，就无法解题。以上述方程式：$2x + 3y = 9$为例。有两个未知数，因此可以有很多答案。例如，x可以是3，y可以是1，代入x和y，$2×3 = 6$，$3×1 = 3$，然后相加，$6 + 3 =9$，但是x也可以是1.5，y可以是2……以及其他无限可能。因此，在遇到方程式谜题时，解题之前，您需要考虑所有可能的方程式。

回到上面的示例方程，如果同时又知道 $x + 2y = 7$，您便可以开始解题了。解方程式题的关键是让方程式只包含一个未知项，然后算出该项的值，从而便可算出

其他未知数的值。例如在我们之前的方程式 $2x+3y=9$ 和 $x+2y=7$ 中，改变一个方程式，算出x的值，用y来表示x（每个x相当于多少个y），然后在另一个方程式中用含y的方程式替换x，得出一个只有y一个未知数的等式。只要按照步骤一步一步算，就没有听起来那样复杂：

已知：$X+2y=7$

对方程式两边做出任何改变都要保证等式成立，这不会改变方程式的实质。例如，$2 + 2 = 4$。如果每边加1，方程式仍然成立。即，$2 + 2 + 1 = 4 + 1$。用这个方法，我们可以在等式两边同时减去一个相同的未知项，用y来表示x：

$X+2y -2y=7-2y$

抵消 $+2y-2y$：

$X=7-2y.$

现在我们知道x就等于"$7-2y$"，我们可以把它代入另一个方程式。$2x+3y=9$ 变成：

$2×(7-2y)+3y=9$

注意：2x 意思是方程式中有2个x，以y的方程式表示x也需要变成2倍才准确，扩展为：

$2×7- 2×2y +3y =9$，或者

$14- 4y+3y =9$

接下来的一步是算出一边y的值和等式另一边的数字。

14- 4y +3y –14 = 9-14

得：

–4y +3y = –5

–4+3 = –1, 所以：

–y = –5, 也就是 y = 5

回到第一个方程式：

x + 2y =7, 代入y算出x：

x + 2 × 5 = 7

x + 10 = 7

x + 10 – 10 = 7 – 10

x = 7 – 10

最终结果是：

x = –3

最后一步，通过在两边同时代入x和y的数值来验证方程，来确保等式两边相等。

2x + 3y =9 和 x + 2y =7

2 × (–3)+3 × 5 =9 和 –3 +2 × 5 =7

–6+15 =9 和 –3 +10 =7

9=9 和 7=7

正确答案

您遇到的任何方程式谜题都会包含足够的信息以便解题。如果题中包含两个以上的未知项，解题技巧是用一个方程式表示一个未知数，在所有其他等式中都用方程式替代该未知数。得到一组新方程式，其中减少了一个未知项。然后，重复这个得出一个未知项的过程，直到最后只剩下一个未知项并算出它的数值。然后用算出的数代入方程式中算出下一个未知项，以次类推。这就像一个古老的数学版汉诺塔谜题。最后提示一点，请记住，每个未知项都能用一个方程式表示，如果方程式中缺失一个未知变量等式仍能成立，那么可以说这个等式一边或两边的变量为0。也就是说，4y + 2z = 8与0x + 4y + 2z = 8相同。

祝您解题愉快！

目录

谜题

01 461343是Tahiti（塔希提岛，又称大溪地岛）的代码。运用同样的解码方式，请列出以下岛屿的名称。

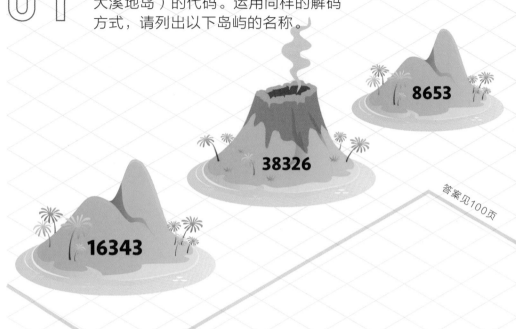

8653

38326

16343

答案见100页

答案见100页

2

02 A车和B车从同一地点同时出发，行驶路线相同。A车速度为45千米/时，B车速度为35千米/时。如果A车行驶70千米后停下来，请问B车还需要多长时间才能赶上A车？

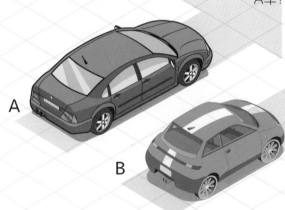

A

B

03 方格中的问号处应填什么数?

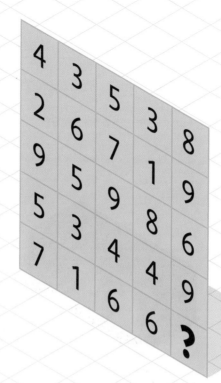

答案见100页

答案见100页

04 运用基本数学运算,在问号处填入数学符号加、减、乘、除,每种运算符号只能使用一次。请问如何填入运算符号才能使依次运算结果为13?
(无须遵循"先乘除,后加减"的运算规则。本书中此类题目均可尝试用以上思路解题。)

$3 \ ? \ 8 \ ? \ 7 \ ? \ 9 \ ? \ 2 = 13$

05

时钟在午夜零点（图A）是准时的。之后每小时慢3.5分钟。时钟在1.5小时前停止了，时间显示如图B。时钟行走不到24小时。请问现在的准确时间是多少？

B

A

答案见100页

答案见100页

4

06

运用基本数学运算，在问号处填入运算符号加、减、乘、除，每种运算符号只能使用一次。请问最大和最小的计算结果分别是多少？

$9\ ?\ 3\ ?\ 2\ ?\ 7\ ?\ 4\ =\ \bigcirc$

请问下图中问号处应填什么数？

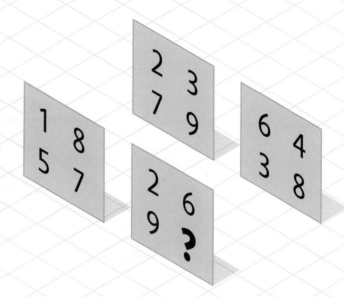

答案见101页

答案见101页

08

如果 JY = 35， CG = 10，
LT = 32，
那么 BW = **?**

09 一辆汽车和一辆摩托车从同一地点出发，行驶路线相同。汽车比摩托车提前2分钟出发。如果汽车的速度为60千米/时，摩托车的速度为80千米/时，请问距离起点多少千米处它们会相遇？

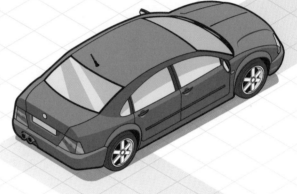

6

答案见101页

10 时钟在午夜零点（图A）是准时的，之后每小时慢4分钟，3个小时前停了，时间显示如图B。时钟行走不到24小时。请问现在的准确时间是多少？

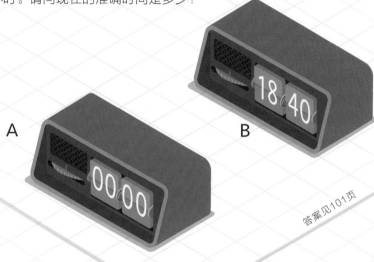

A

B

答案见101页

答案见101页

11 请问方格中问号处应填入什么数字？

3	6	5	9	8
1	7	3	4	6
5	3	2	7	9
2	1	6	8	5
4	3	9	2	?

12

以下字母表中缺少一些字母。合理安排缺失字母的顺序可组成一个单词，请问是什么单词？

B C F G J K L M O
P Q R T U W X Y Z

答案见101页

答案见101页

13

两辆车从同一地点出发，行驶路线相同。第一辆比第二辆提前10分钟出发。如果第一辆车速度为55千米/时，第二辆车速度为60千米/时，请问距离出发地多远两辆车会相遇？

8

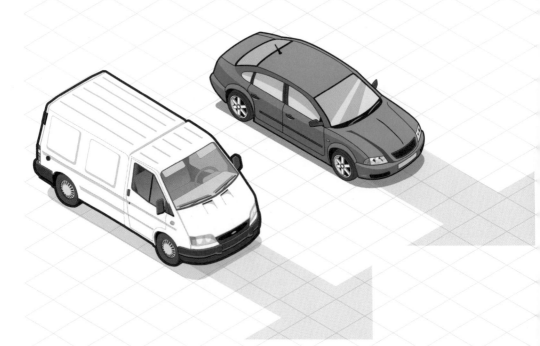

答案见101页

答案见101页

14 如果 D L = 8， M Z = 13，
A K = 10，
那么 N R = **?**

15 请问下图中问号处
应填什么数字？

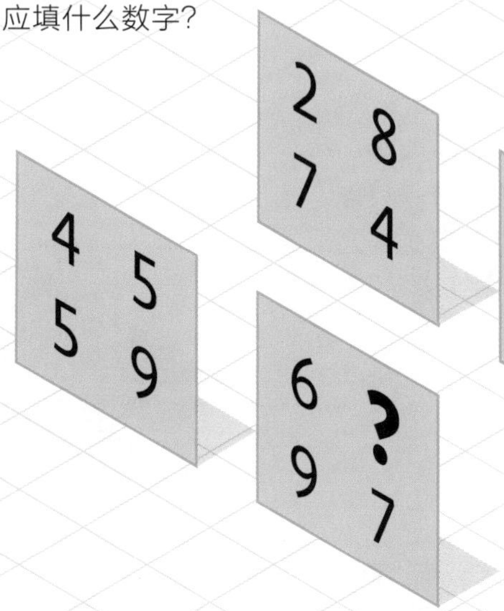

```
2 8
7 4

4 5          1 2
5 9          6 2

    6 ?
    9 7
```

16

如果 A+M = 7， E−W = 0，
N−V=1，
那么 H+Z = ?

答案见102页

17

运用基本数学运算，在问号处填入运算符号加、减、乘、除，每种运算符号只能使用一次。请问有多少种方法能使依次运算后结果为5？

答案见102页

(2) (?) (3) (?) (9) (?) (5) (?) (8) = (5)

18

飞机以555千米/时的速度出航，以370千米/时的速度返回，来回飞行距离完全相同。请问飞机整个行程的平均速度是多少？

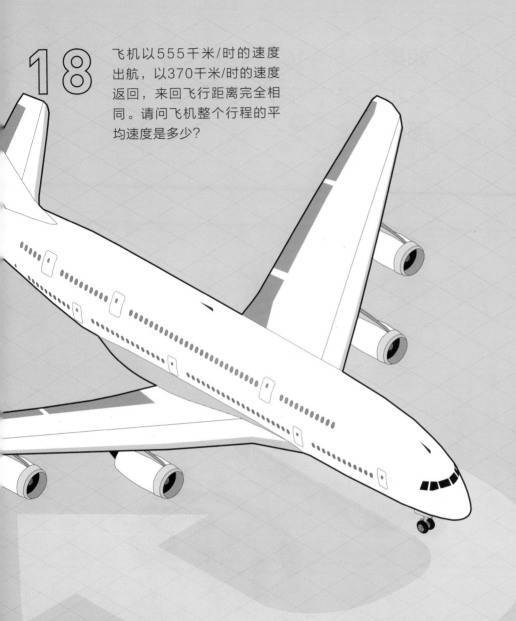

答案见102页

19 如果 CSF = 16， TAQ = 4，
ZOL = 29， HWM = 18，
那么NER = **?**

答案见102页

答案见102页

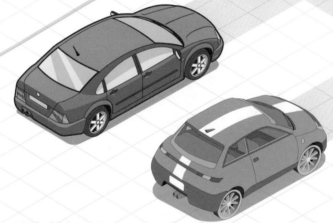

20 两辆轿车同时从同一地点出发，行驶路线相同。第一辆车速度为50千米/时，第二辆车速度为40千米/时。如果第一辆车在行驶过90千米后停止，第二辆车还需要多长时间才能赶上第一辆车？

21 一辆公共汽车以50千米/时的速度行驶了60千米。行程开始时有8升燃油，但油箱在整个行程中一直漏油，现已漏干。公共汽车每升油可行驶25千米。请问每小时漏了多少升燃油？

答案见102页

答案见103页

22 在以下数字中任选三个数字相加使结果为22。每个数字可以根据需要重复使用。请问有多少种不同的组合方式？

答案见103页

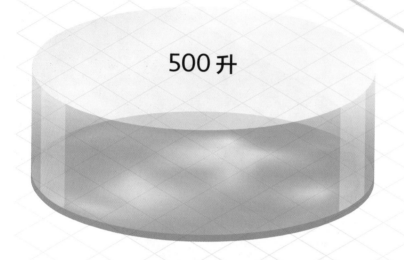

500升

14

23

消防车以40千米/时的速度行驶9千米后到达火灾处。水槽装有500升的水，但在整个行程中以每小时20升的速度漏水。如果消防车需要496升的水才能将火扑灭，请问消防车能成功灭火吗？

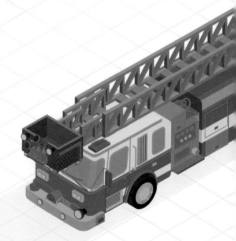

24 请问序列中问号处应填什么数字？

答案见103页

答案见103页

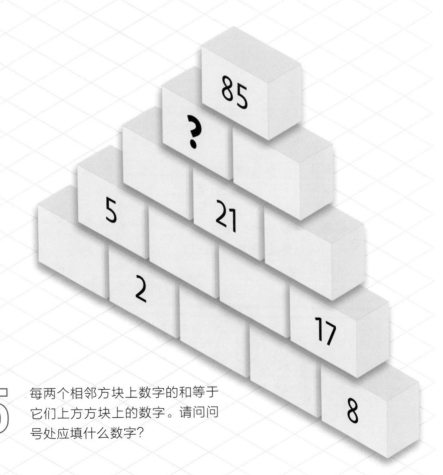

25 每两个相邻方块上数字的和等于它们上方方块上的数字。请问问号处应填什么数字？

26

宇宙飞船在行程中以735千米/时的速度飞向地球。而反向飞离时,以980千米/时的速度完成相同的距离。请问宇宙飞船在整个行程中的平均速度是多少?

答案见103页

27

一家工厂回收纸张以供办公室使用。制作一张新纸需要6张回收纸。现有2331张回收纸,反复回收、制作,总共可以制作出多少张新纸以供使用?

答案见104页

28

一列长220码的火车，以30英里/时的速度行驶，进入一条长3英里的隧道。请问从车头驶入隧道到车尾驶离隧道，共用了多长时间？（码、英里是英制长度单位，1英里等于1760码。）

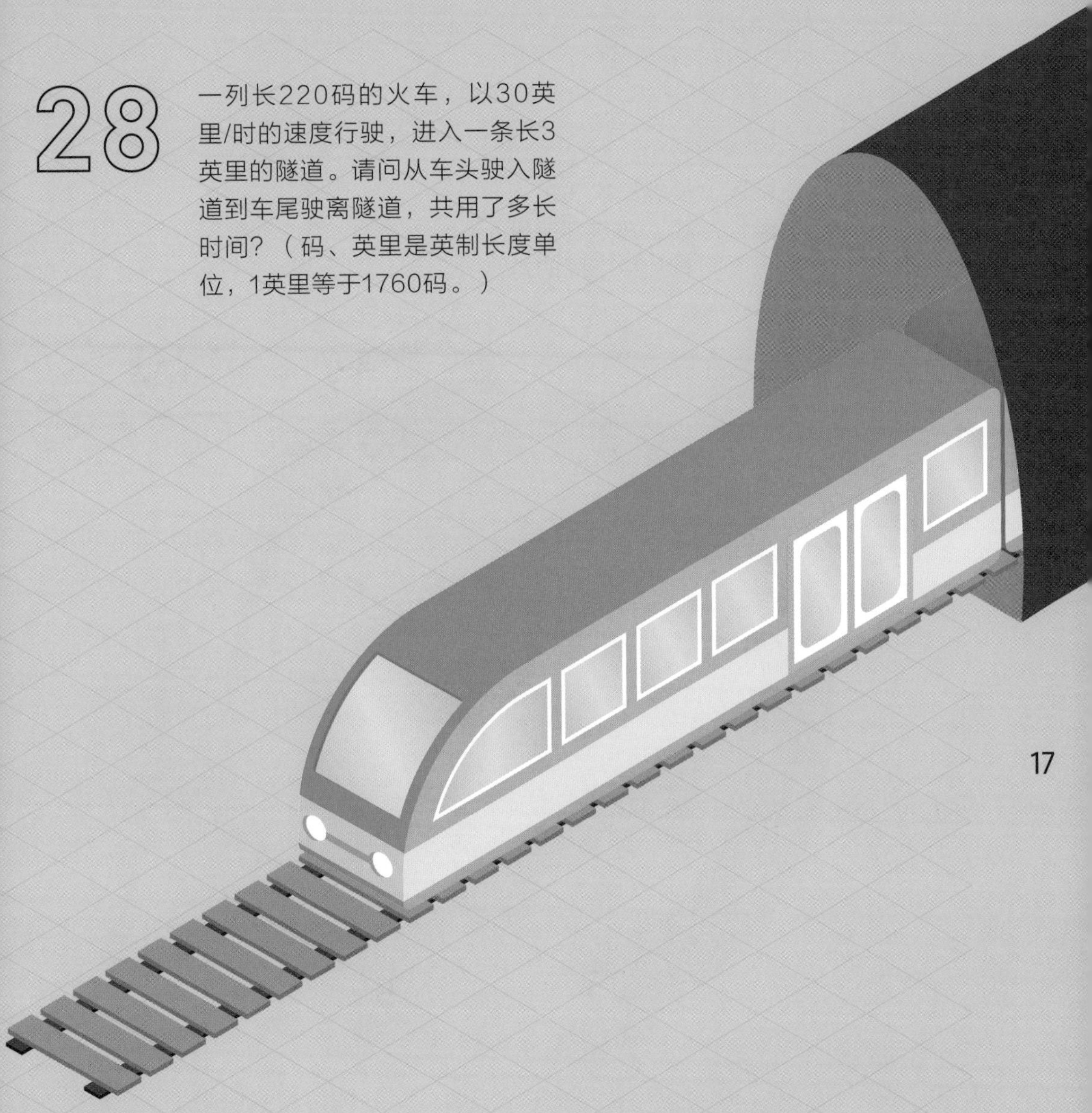

17

答案见104页

29

往该板上投掷三枚飞镖，总得分为70。每次都能投中，请问有几种不同的得分组合？

答案见104页

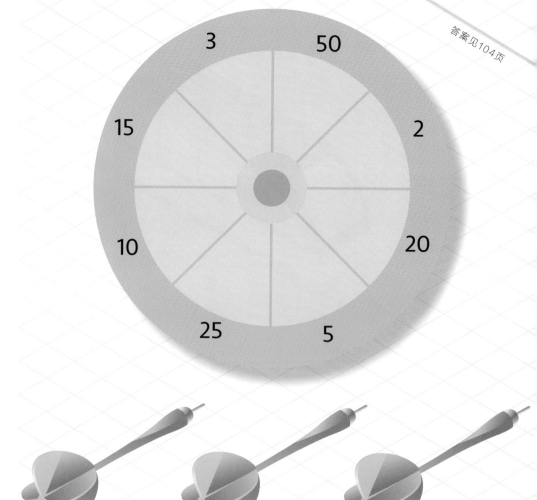

30

收集价值为18.08英镑的硬币。由四种不同面额的硬币组成，最大的面额为1英镑，每种硬币的数量完全相同。请问每种硬币有多少个？它们的价值是多少？可能用到的硬币是：1便士、2便士、5便士、10便士、20便士、50便士、1英镑。

答案见104页

31

一辆车以30千米/时的速度行驶了40千米。它出发时有10升燃油，但是油箱在整个行程中一直漏油，现已漏干，每升油可行驶30千米。请问每小时漏多少升燃油？

答案见104页

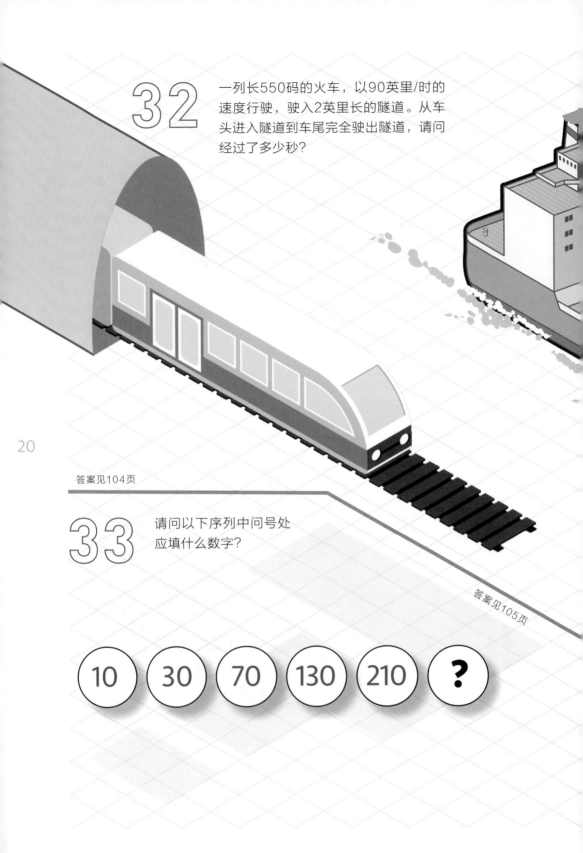

32

一列长550码的火车，以90英里/时的速度行驶，驶入2英里长的隧道。从车头进入隧道到车尾完全驶出隧道，请问经过了多少秒？

答案见104页

33

请问以下序列中问号处应填什么数字？

答案见105页

10　30　70　130　210　**?**

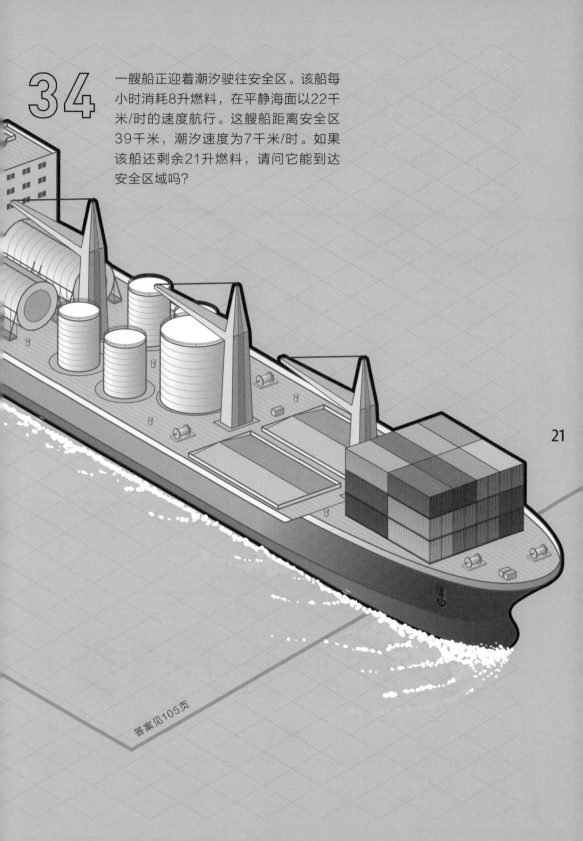

34

一艘船正迎着潮汐驶往安全区。该船每小时消耗8升燃料，在平静海面以22千米/时的速度航行。这艘船距离安全区39千米，潮汐速度为7千米/时。如果该船还剩余21升燃料，请问它能到达安全区域吗？

答案见105页

35

消防车以42千米/时的速度行驶7千米去灭火。消防车的水箱里有500升水，但在整个行程中一直以每小时22.5升的速度漏水。如果消防车需要用495升的水来灭火，请问灭火后还能剩下多少水？

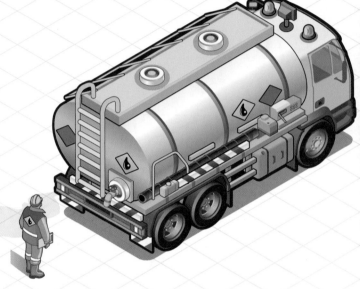

答案见105页

答案见105页

36

请问序列中问号处应填什么数字？

5　6　11　17　◯　45　?　118

把字母B、E、A、C、H填到正方形里，确保在每行、每列及对角线上不出现相同的字母。请问问号处应填什么字母？

答案见105页

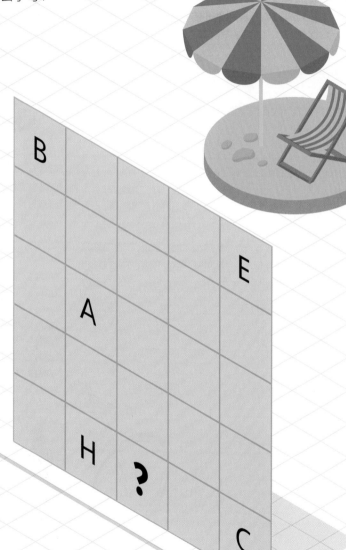

38

五天徒步旅行小组第一天的行程是总距离的2/5。第二天，他们走了剩下路程的1/4。第三天，他们走了剩下路程的2/5，第四天他们走了剩下路程的1/2。该小组现在还剩15千米。请问他们共走了多少千米？

答案见105页

答案见105页

39

一个人参加一项144千米的慈善骑行活动。第一天他完成了总路程的1/3。第二天他完成了剩下的1/3。第三天，他完成了剩余的1/4，第四天完成了剩下路程的1/2。请问第五天他还需要骑行多少千米才能到达终点？

24

40

请问序列中问号处应填
什么数字？

(1944) (648) (108) (12) (?)

答案见105页

答案见106页

41

每两个相邻方块上
数字的和等于它
们上方方块上的数
字。请问问号处应
填什么数字？

25

487

?

79 118

55

54

36

42

一家工厂回收纸盘供食堂使用。每制造一只新纸盘需要回收9只纸盘。如果已有1481只回收纸盘，反复回收、制作，请问总共可以制造多少只新纸盘？

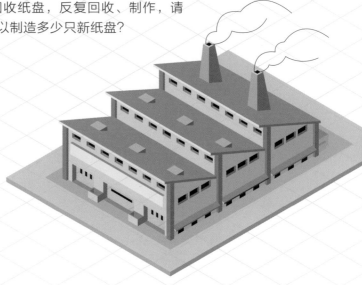

答案见106页

26

43

请问图中问号处应填什么数字？

答案见106页

10	200	30
11	165	26
12	120	22
13	?	?

44

请问问号处箭头应指向
哪个方向？

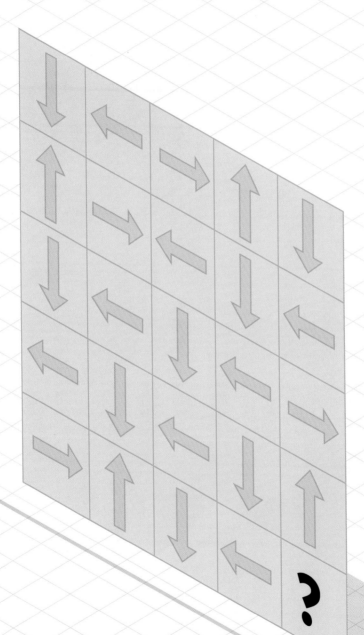

答案见106页

请问问号处箭头应
指向哪个方向?

答案见106页

28

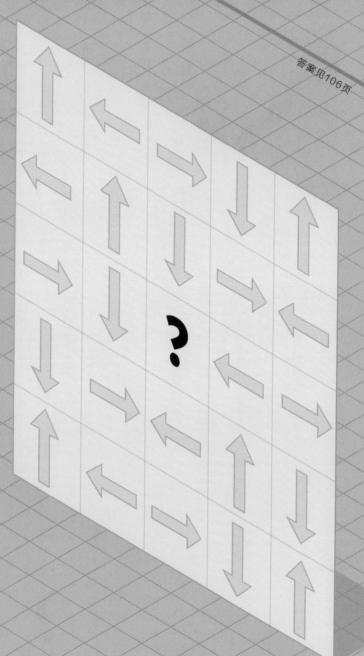

46

请问序列中问号处应填什么数?

(1) (20) (300) (3000) (?)

答案见106页

答案见107页

29

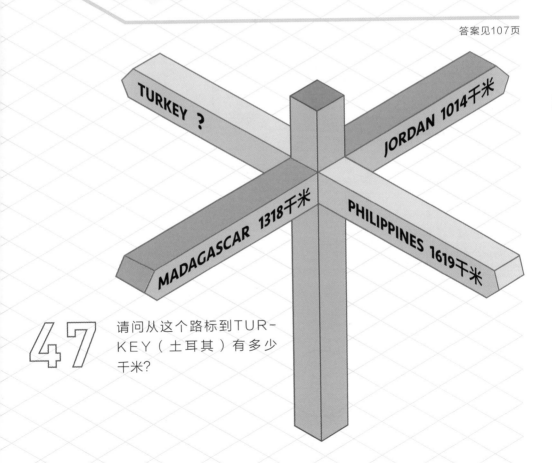

TURKEY ?

JORDAN 1014千米

MADAGASCAR 1318千米

PHILIPPINES 1619千米

47

请问从这个路标到TUR-KEY(土耳其)有多少千米?

48

在方格中填入1至5中的一个数，确保每行、每列及对角线上不出现相同的数字。请问问号处应填什么数字？

答案见107页

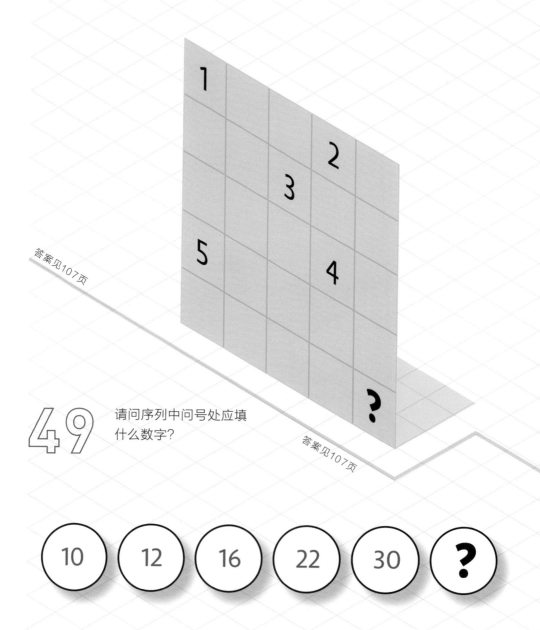

49

请问序列中问号处应填什么数字？

答案见107页

10　12　16　22　30　?

请问第四列问号处的数值是多少?

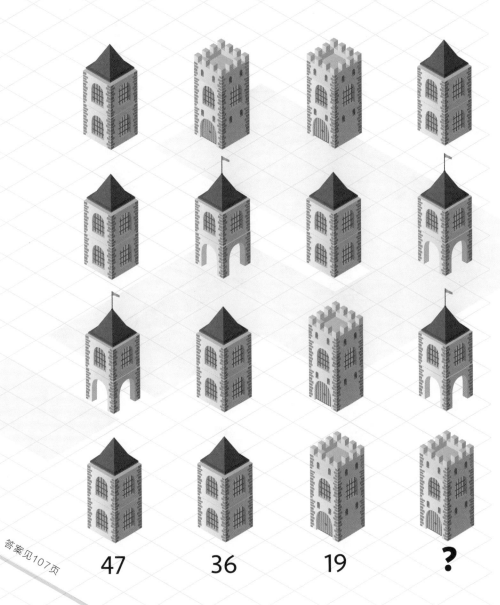

47　　　36　　　19　　　?

51

A车和B车从同一地点同时出发，行驶115千米的路程。如果A车速度为50千米/时，B车速度为40千米/时，请问它们到达终点的时间差是多少？

32

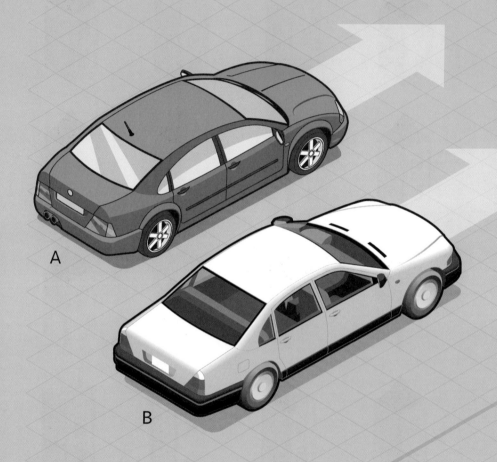

A

B

答案见107页

52 请问问号处应填什么数字？

答案见108页

53 请问问号处应填什么字母？

答案见108页

DLH PUE BTR KYN MWJ E?A

答案见108页

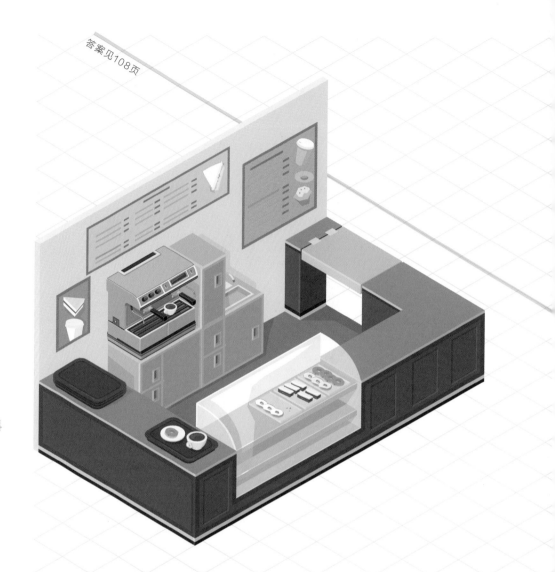

54

熟食柜台上有七种食物。糕点位于泡菜和咖喱之间。沙拉挨着萨莫萨三角饺。火腿和咖喱之间有两种食物，火腿位于泡菜和奶酪之间。糕点位于正中间，沙拉在柜台的最远端。请问七种食物的顺序是什么？

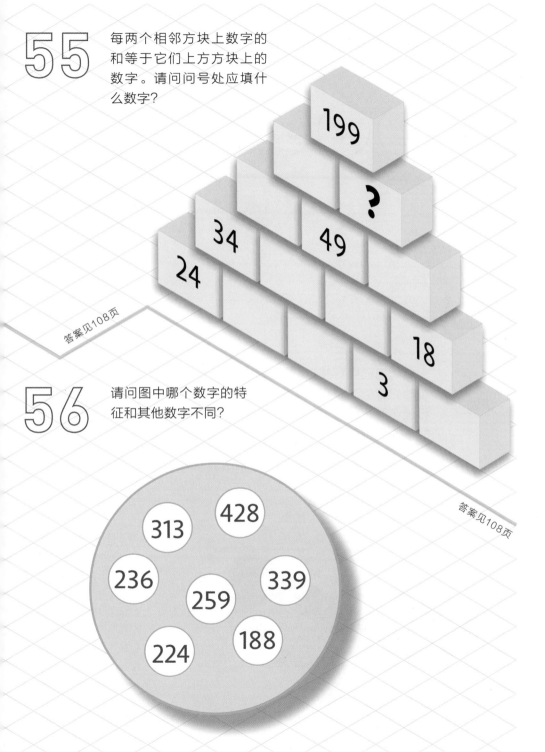

55 每两个相邻方块上数字的和等于它们上方方块上的数字。请问问号处应填什么数字?

199

?

34 49

24

18

3

答案见108页

56 请问图中哪个数字的特征和其他数字不同?

答案见108页

313 428

236 339

259

224 188

57

请问序列中应填什么数字？

$\boxed{2}$ $\boxed{12}$ $\boxed{30}$ $\boxed{56}$ $\boxed{?}$ $\boxed{132}$

答案见108页

58

一辆大巴已经行驶了4个小时。第一个小时它行驶了全程的1/3，第二个小时行驶了剩余路程的1/3，接下来一个小时行驶了余下路程的1/4，第四个小时行驶了剩余路程的1/2，现在，大巴距离终点还有25千米。请问这辆大巴总共行驶了多少千米？

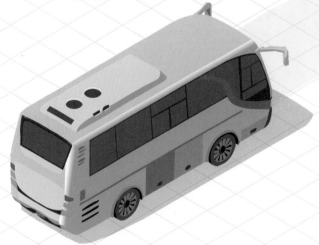

答案见108页

59

请问问号处的箭头应指向什么方向？

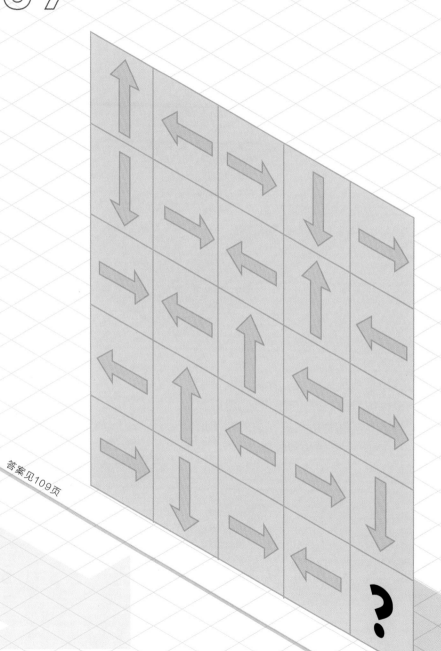

答案见109页

60

一家工厂回收杯子做新杯子，供食堂使用。每做一只新杯子需要回收8只杯子。如果已有736只回收杯子，反复回收、制作，请问总共可以制作多少只新杯子？

答案见109页

答案见109页

61

运用基本数学运算，在问号处填入运算符号加、减、乘、除，每种运算符号只能使用一次。请问如何填入正确的符号使运算结果为3？

$4 \; ? \; 5 \; ? \; 9 \; ? \; 8 \; ? \; 7 = 3$

请问问号处应填什么数字？

7

2

4

?

5

9

2

1

3

答案见109页

39

一个人向南走4千米，再向东走3千米，然后向北走1千米，再向西走1千米，接着向北走3千米，请问他应该向什么方向走多少千米才能回到原点？

答案见109页

请问第四列的数值是多少？

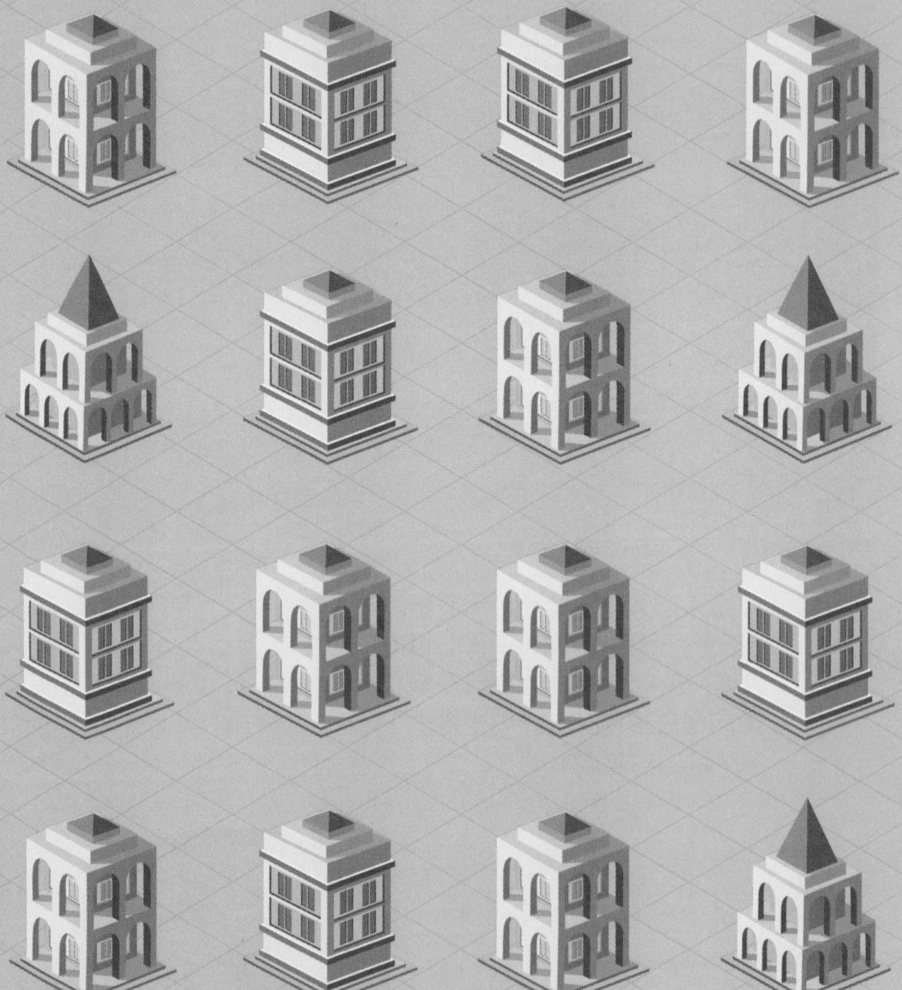

40

205   100   220   ?

答案见109页

65

一艘船正迎着猛烈的浪潮驶往安全区。它每小时消耗8升燃料，在平静的情况下航速为16千米/时。该船距离安全区84千米，浪潮的速度是7千米/时，船还剩75升燃料。请问当船到达安全区时还剩多少升燃料？

答案见109页

答案见109页

66

请问两个问号处应填什么数字？

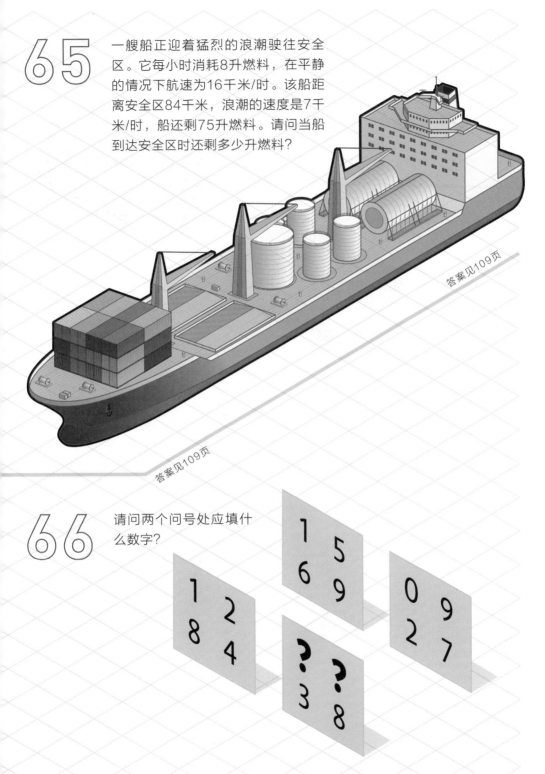

67 时钟在午夜零点时（图A）是准确的，之后每小时慢3.5分钟。一小时前钟停了，时间显示如图B。时钟行走不到24小时，请问现在的准确时间是多少？

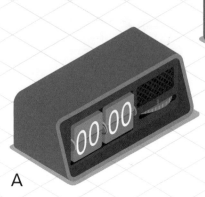

B

A

答案见110页

42

答案见110页

68 请问问号处应填什么数字？

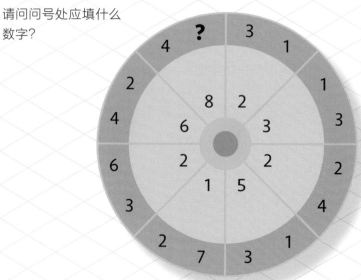

69

请问问号处应填什么数字？

12	4	9
57	19	54
33	11	30
48	16	45
27	?	?

答案见110页

70

一人骑自行车从一个镇到另一个镇。第一天她行驶了全程的1/4，第二天行驶了剩余路程的1/3，第三天行驶了所剩行程的1/4，第四天行驶了剩余路程的1/2，现在距离终点还剩25千米。请问她骑行了多少千米？

答案见110页

71

一辆长500米的电车，以40千米/时的速度进入一段全长1.5千米的隧道。请问从车头进入隧道到车尾完全驶出隧道，用了多长时间？

答案见110页

44

72

一群办公室职员选择健身方式，选择健身房健身的人数是选游泳人数的3倍。选散步比选游泳的多6人，选慢跑比选散步的少3人。有7人选择慢跑健身。请问选择每一项健身方式的人数是多少？

答案见110页

请问第四行问号处的数值是多少？

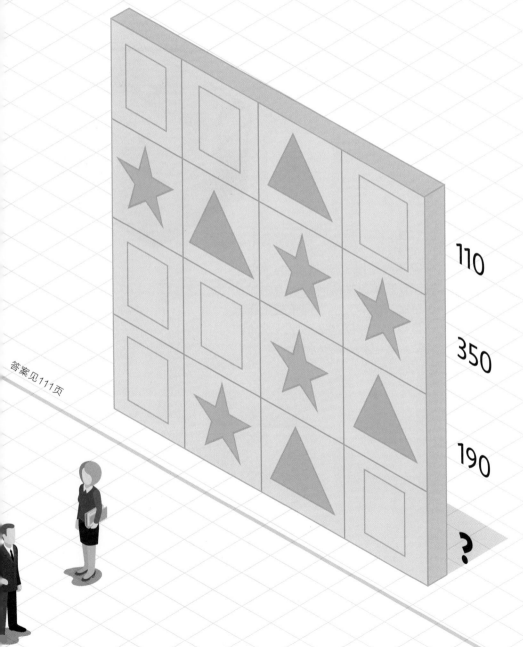

110

350

190

?

答案见111页

74

收银台有现金15.48英镑，包括四种不同面额的硬币，最大面额的是1英镑。每种面额的硬币数量相等。请问每种硬币有多少枚？每种硬币的价值是多少？

答案见111页

75

一辆消防车以30千米/时的速度行驶了5千米到达救火处，消防车的水箱装有500升水，但是整个行程一直以22.5升/时的速度漏水，消防车水箱还剩有多少水灭火？

答案见111页

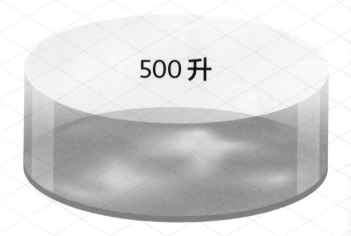

500 升

76

这是一个不寻常的保险箱。每一个按钮只能以正确的顺序按一次，到达中心X，才能打开保险箱。移动次数和方向已经在每个按钮上标注出来了（E、S、W、N分别代表向东、向南、向西、向北，数字代表移动次数，本书此类题均按此规则）。请问第一次应按哪个按钮？

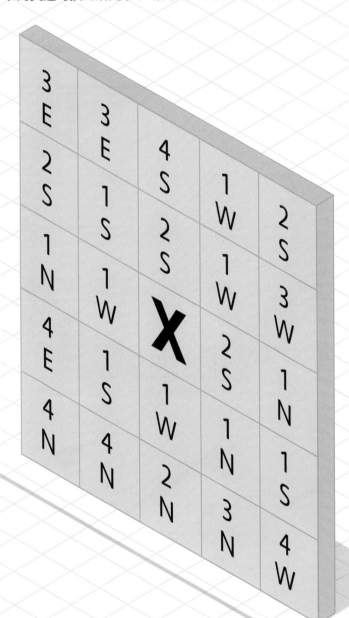

答案见111页

77

往板上投掷三枚飞镖，总得分为25分，每支飞镖都投中，请问有多少种不同的得分组合？

答案见111页

请问第四列问号处的数
值是多少？

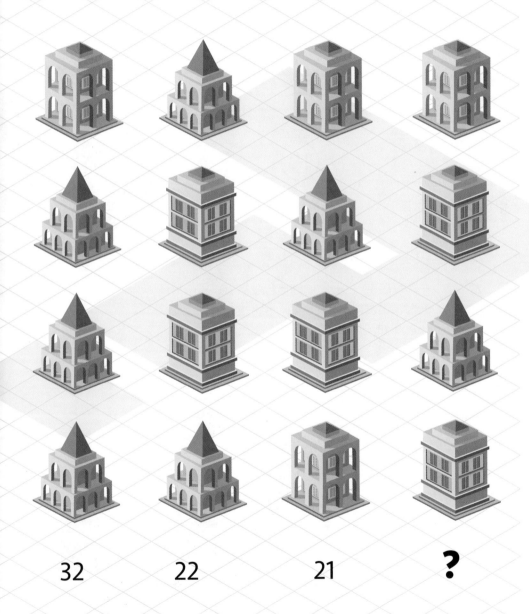

32   22   21   ?

79

请问问号处应填什么数字?

8	28
12	42
2	7
18	63
10	?

答案见111页

答案见112页

50

80

一辆车以50千米/时的速度行驶了30千米，出发时有8升燃油，但是全程一直漏油,现已漏干。每升燃油可行驶25千米。请问汽车每小时漏多少升油？

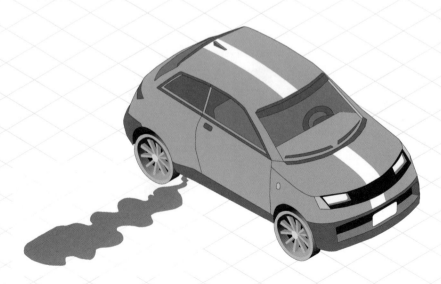

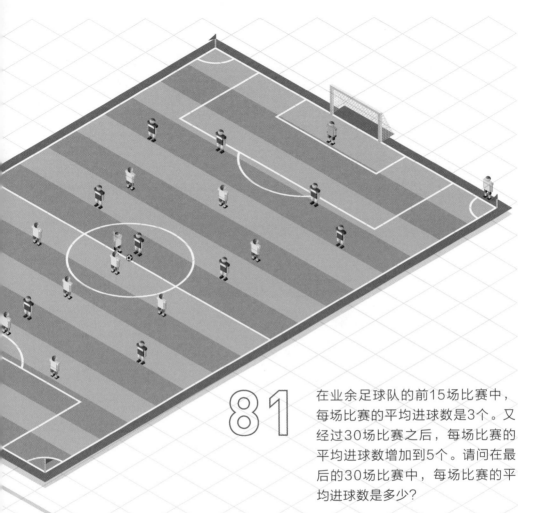

81

在业余足球队的前15场比赛中，每场比赛的平均进球数是3个。又经过30场比赛之后，每场比赛的平均进球数增加到5个。请问在最后的30场比赛中，每场比赛的平均进球数是多少？

答案见112页

答案见112页

82

请问有几种不同的组合方式，使下面几个数中的三个数之和为14？根据需要，每个数可重复使用。

(2) (4) (6) (8) (10)

一辆大巴和一辆小车从同一地点出发，行驶路线相同。大巴比小车先出发9分钟。如果大巴行驶速度是50千米/时，小车的速度是80千米/时，请问距离起点多远处两车会相遇？

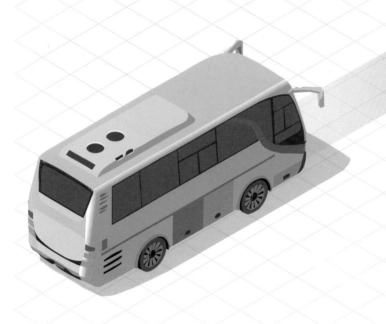

答案见112页

答案见112页

一个月有5个星期日，这个月的第一个星期六是七号。请问三十号应该是星期几？这个月的第三个星期一是几号？本月有多少个星期五？十一号是星期几？

答案见112页

85 请问方格中的问号处应填什么数字?

53

5	3	2	6	8
1	4	3	2	5
7	2	5	4	9
6	1	2	5	7
?	2	1	3	4

使用所给的数字和符
号，创建一个等式。

答案见112页

请问序列中问号处应填
什么符号？

答案见112页

54

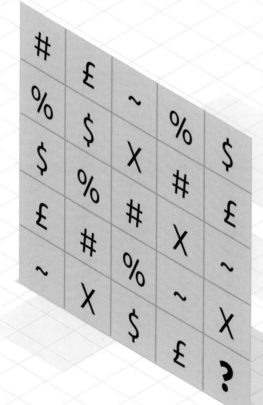

88

一架直升机以250千米/时的速度出航，
以166.6666千米/时的速度返回，飞行
完全相同的距离。请问直升机在整个行
程中的平均速度是多少？

答案见113页

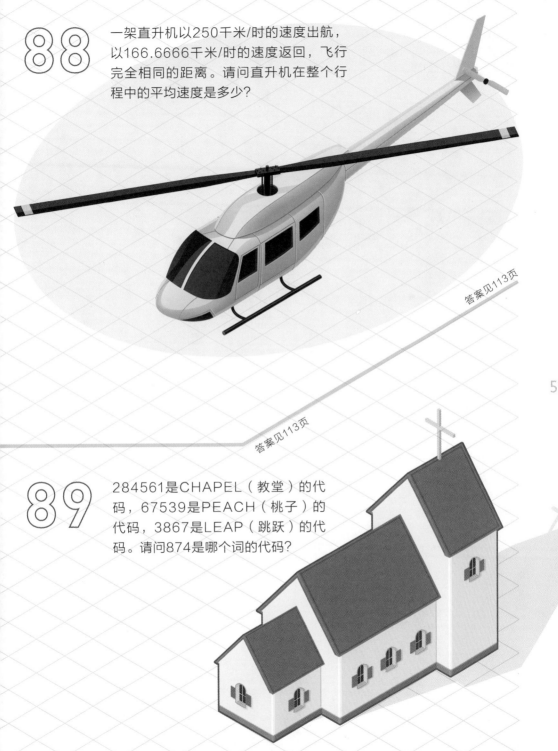

答案见113页

89

284561是CHAPEL（教堂）的代
码，67539是PEACH（桃子）的
代码，3867是LEAP（跳跃）的代
码。请问874是哪个词的代码？

路标上显示了到达各沙漠的千米数，请问到Gobi（戈壁沙漠）有多少千米？

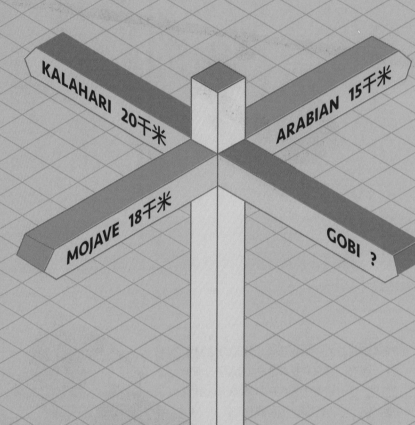

56

答案见113页

91

请问最后盒子内的问号处应填入
几条破折号?

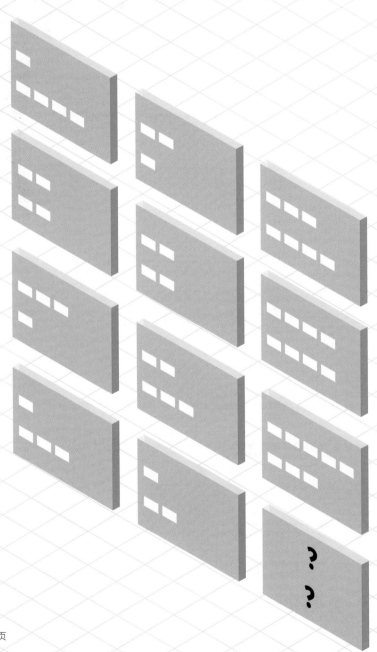

答案见113页

92

一位徒步旅行者从一个小镇到另一个小镇。第一天他走完全程的2/5，第二天他走了剩下行程的1/3，第三天走了剩余路程的1/4，第四天走了剩余路程的1/2，他现在还剩12千米没有走完，请问他总共已经走了多少千米？

答案见113页

93

以下为在电视上观看体育赛事的人数。请问有多少人在看Hockey（曲棍球）比赛？

答案见114页

Boxing（拳击）   –   11

Golf（高尔夫）   –   50

Angling（钓鱼）   –   51

Skiing（滑雪）   –   2

Cricket（板球）   –   201

Athletics（田径）   –   151

Hockey（曲棍球）   –   **?**

94

请问问号处应填什
么数字？

9

7

2

5

1

6

8

1

5

1

59

答案见114页

8

3

1

2

?

请问方块中问号处应填什么数字?

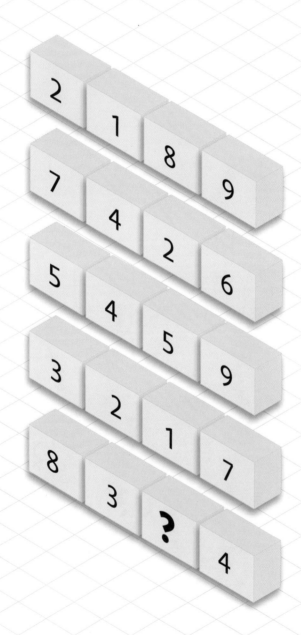

答案见114页

96

一辆卡车和一辆货车从同一地点出发，行驶路线相同。卡车比货车提前6分钟出发。如果卡车以60千米/时的速度行驶，而货车以80千米/时的速度行驶，请问距离起点多少千米处两车会相遇？

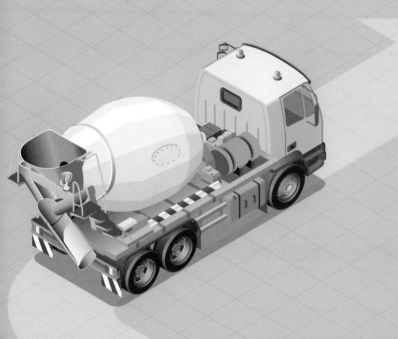

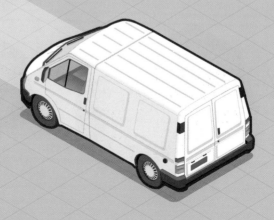

61

答案见114页

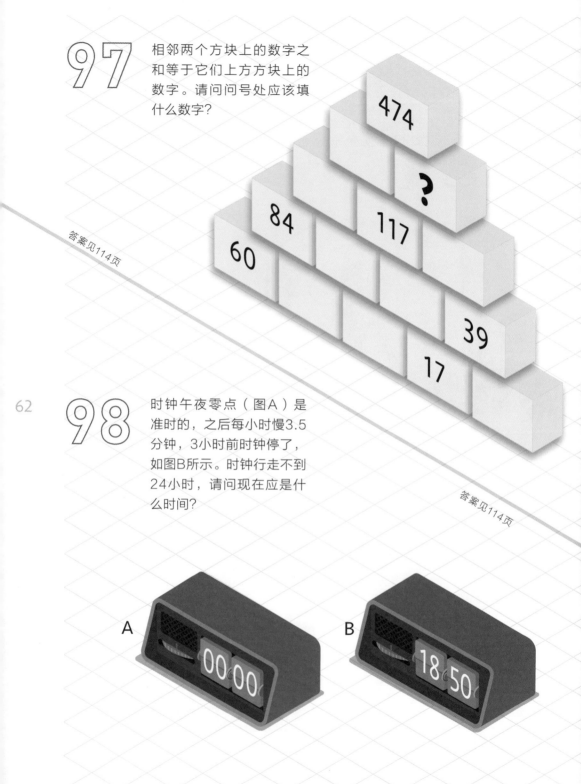

97 相邻两个方块上的数字之和等于它们上方方块上的数字。请问问号处应该填什么数字？

答案见114页

474

?

84 117

60

39

17

98 时钟午夜零点（图A）是准时的，之后每小时慢3.5分钟，3小时前时钟停了，如图B所示。时钟行走不到24小时，请问现在应是什么时间？

答案见114页

A 00:00

B 18:50

第四列问号处的数值
是多少?

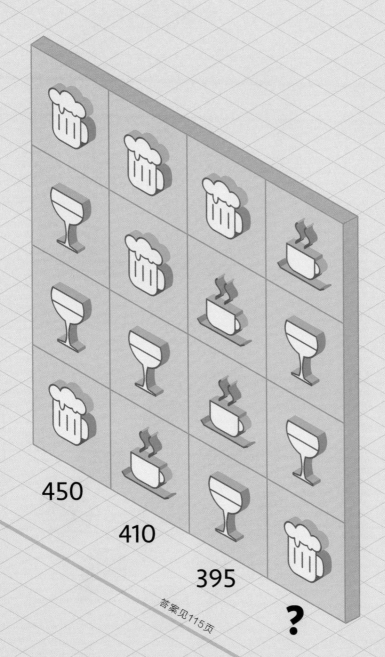

450

410

395

?

请问问号处应填
什么数字?

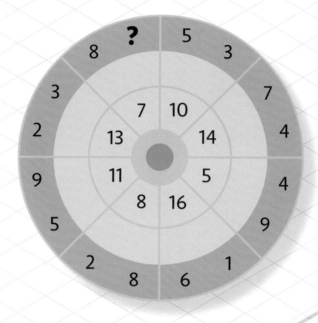

答案见115页

答案见115页

请问问号处应填
什么数字?

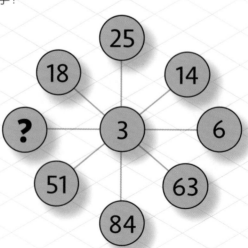

102

请问问号处应填
什么数字?

答案见115页

答案见115页

103

相邻两个方块上的数字之
和等于它们上方方块上的
数字。请问问号处应填什
么数字?

175

?

9   48

1

22

15

65

104

一列长200米的火车，时速为60千米/时，驶入一条全长为1千米的隧道。请问从车头驶进隧道起到车尾驶出隧道，共用了多长时间？

答案见115页

答案见116页

105

请问圆圈内的问号处应填什么数字？

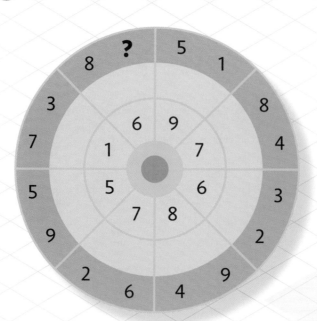

106

请问问号处应填什么数字?

93 — 6
32 — 1
51 — 4
74 — 3
85 — ?

答案见116页

107

请问问号处应填什么数字?

15	90	
21	105	9
33	132	16
24	72	29
40	?	21
		?

答案见116页

答案见116页

108

请问第四列问号处
应填什么数字?

68

61

57

72

?

109

一列火车以110千米/时的速度出发，以73.33千米/时的速度返回完全相同的距离。请问火车在整个行程中的平均速度是多少？

答案见116页

答案见116页

110

请问问号处应填什么数字？

34	70
15	32
11	24
47	96
29	?

111

一辆小巴和一辆大巴同时从同一地点出发，行驶140千米的路程。小巴车速为50千米/时，大巴车速为35千米/时。请问它们到达终点的时间差是多少？

答案见116页

请问问号处应填什么数字？

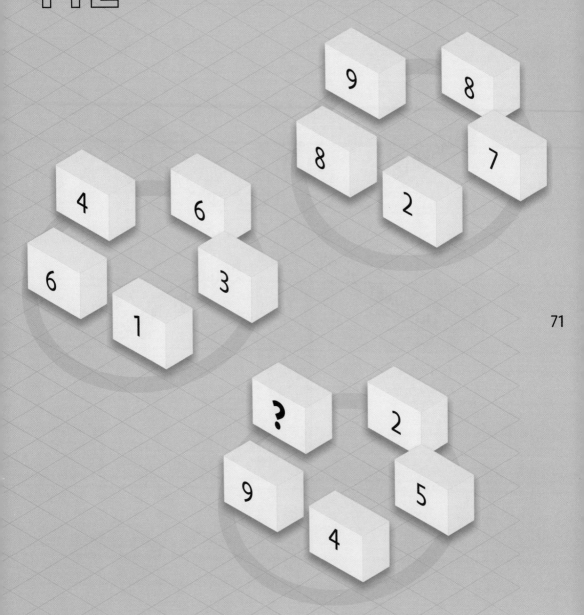

答案见117页

113

请问这个路标上显示到Amarillo（阿马里洛）
应是多少千米？

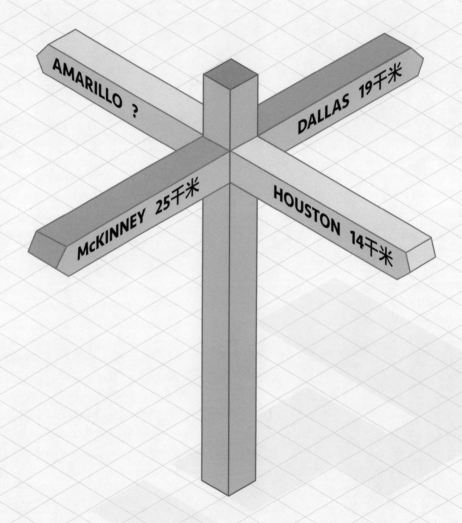

72

答案见117页

114

请问下图中缺失的方块是哪一个？

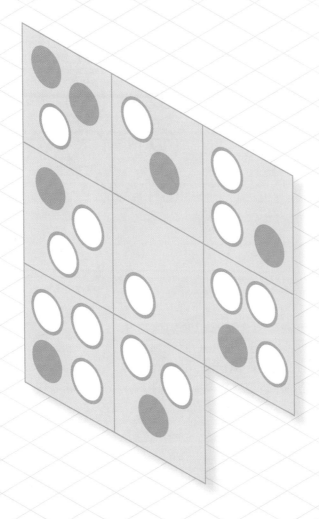

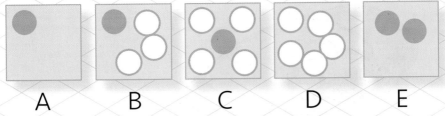

A   B   C   D   E

答案见117页

115

请问问号处应填什么数字？

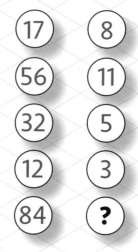

17	8
56	11
32	5
12	3
84	?

答案见117页

74

116

一辆车以35千米/时的速度出发，以26.25千米/时的速度返回，行程距离相同，请问整个行程的平均速度是多少？

答案见117页

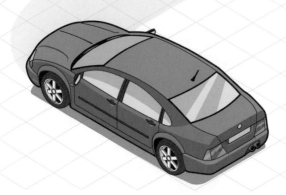

117

请找出不同的一项。

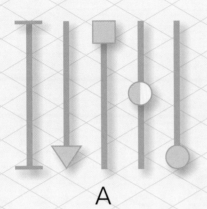

A

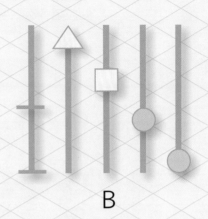

B

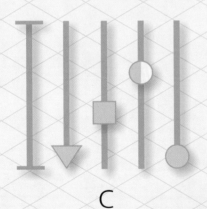

C

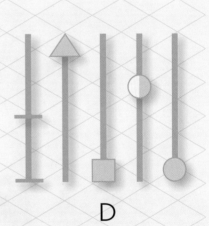

D

答案见117页

在方格中填入1至5中的
一个数字，确保每行、
每列及对角线上都没有
相同的数字。请问问号
处应填什么数字？

答案见118页

76

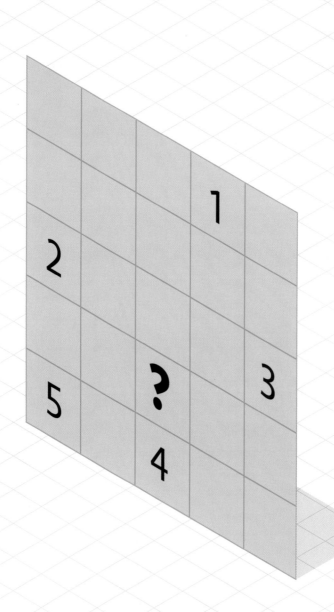

119

请问问号处应填什么数字?

2 3
7 9

2 7
1 3

4 9
? 5

3 4
2 8

120

请问问号处应填什么数字?

2 3
5 6

1 7
8 7

3 3
? ?

4 2
6 8

121

在一个休闲中心，游泳人数是拳击人数的3倍，练有氧健身操比打拳击的多12人，打羽毛球比练有氧健身操的少11人，有10人在打羽毛球。请问做每项运动的人数是多少？

答案见118页

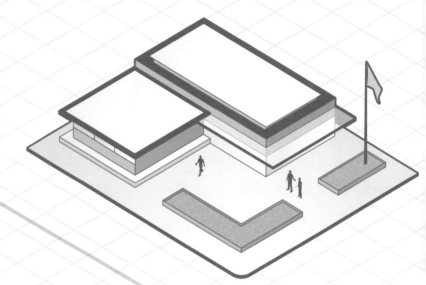

122

请问问号处应填什么字母？

答案见119页

ZFN RHB VCP QE?

123

请问问号处应填什
么数字？

3　5

2　1　4

8　9

1　6　3

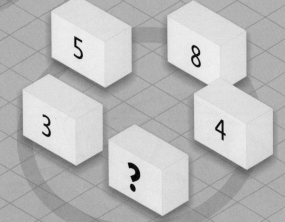

5　8

3　?　4

答案见119页

124

一位客户在店里支付了16.80美元。她用四种不同面额的硬币支付，最大的面额是1美元。她支付每种硬币的数量完全相同，可能用到的硬币是1美分、5美分、10美分、25美分、50美分和1美元，请问每种硬币她各支付了多少枚？

答案见119页

答案见119页

125

A车和B车同时从同一地点出发，行驶路线相同。A车的速度是50千米/时，B车的速度是40千米/时。如果A车行驶115千米后停车，B车还需要多少时间才能赶上A车？

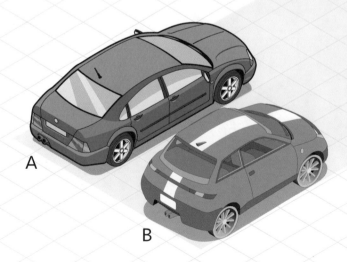

A

B

请问方格中问号处应填
什么数字?

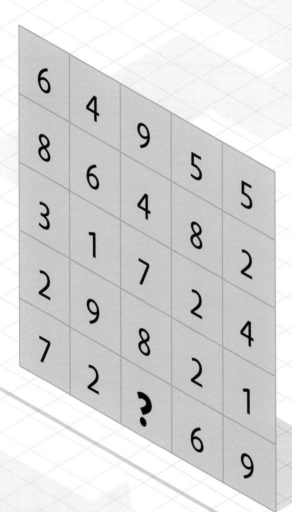

答案见119页

请问A、B、C
哪一项可以是
以下序列的第
四列?

答案见119页

82

A

B

C

128

请问哪一个数字
与众不同?

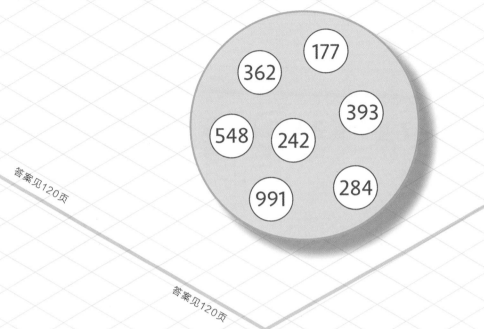

答案见120页

答案见120页

129

运用基本数学运算,在问号处填入
运算符号加、减、乘、除,每个运
算符号只能使用一次。请问最大和
最小的得数分别是多少?

4 ? 2 ? 8 ? 3 ? 5 = ?

130

运用基本数学运算，在问号处填入数学符号加、减、乘、除，每个运算符号只能使用一次。如何填运算符号才能使等式成立？

答案见120页

131

请问哪一个数字与众不同？

答案见120页

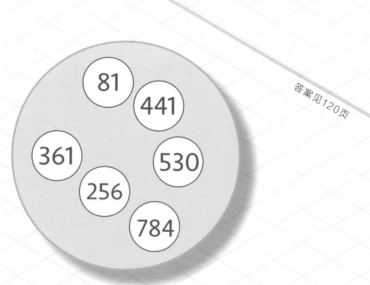

132

一辆长110码的火车以30英里/时的速度行驶，进入3英里长的隧道。请问从车头进入隧道到车尾完全驶出隧道共用了多长时间？

答案见120页

请选出与众不同的一项。

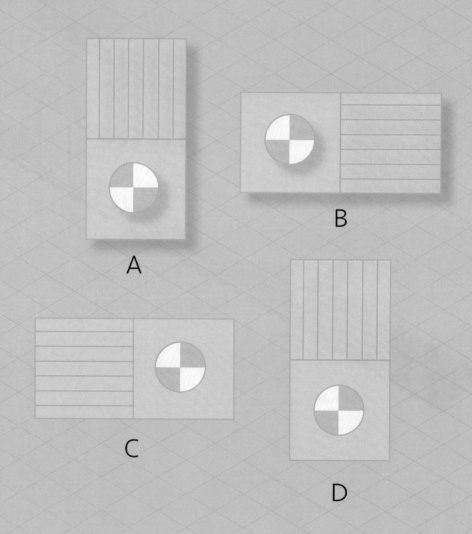

A

B

C

D

答案见120页

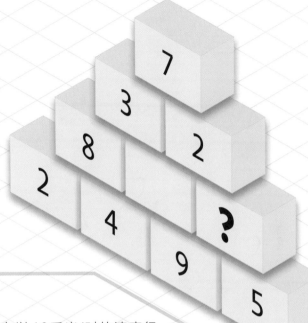

答案见120页

87

135

一辆车以40千米/时的速度行驶了80千米，出发时有10升燃油，但是全程一直漏油，现已漏干。该车每升燃料可行驶40千米，请问它每小时漏了多少升油？

答案见121页

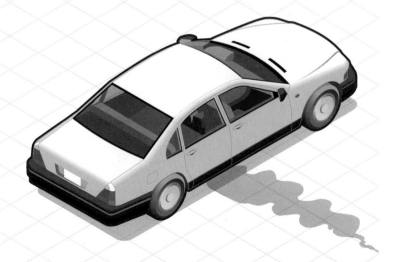

请问问号处应填什么数字?

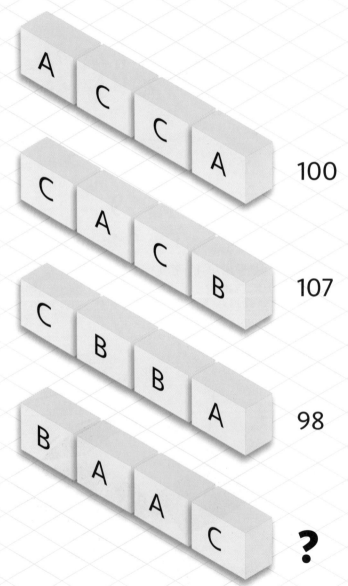

A C C A 100

C A C B 107

C B B A 98

B A A C ?

答案见121页

137

两辆车从同一地点出发，行驶路线相同。第一辆车比第二辆车提前9分钟出发。如果第一辆车速度为85千米/时，第二辆车速度为100千米/时，请问距离起点多远的距离两辆车能再次相遇？

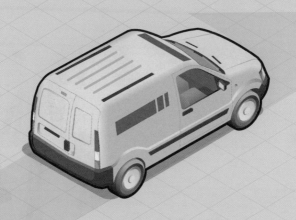

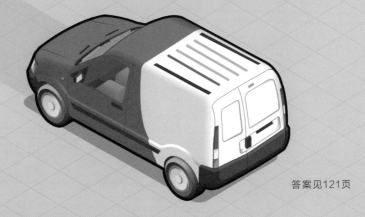

答案见121页

138

一群人在讨论就餐地点。选意大利菜的人数是选中国菜人数的4倍，选印度菜的人比选中国菜的人多5个，选泰国菜的比选印度菜的少3人。4个人选择泰国菜，请问选择意大利菜、中国菜和印度菜的人数分别是多少？

答案见121页

90

答案见121页

139

请问问号处应填什么数字？

27
19   35

24
18   30

14
10   18

13
11   ?

 和  是一对，那么 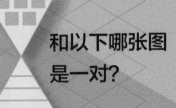 和以下哪张图是一对？

A B C 91

答案见121页

141

 和  是一对，

那么 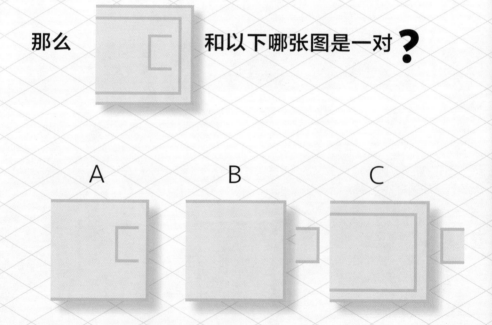 和以下哪张图是一对 **?**

A   B   C

答案见122页

142

一辆消防车以32千米/时的速度行驶了9千米赶赴火场，水箱内装了500升水，但是全程以20升/时的速度一直漏水。如果消防车需要496升的水才能将火扑灭，请问它能成功灭火吗？

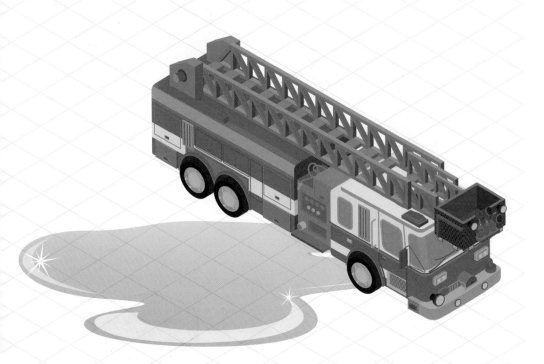

答案见122页

143

时钟在午夜零点（图A）是准时的，之后每小时慢1分钟，90分钟前时钟停了，时间显示如图B所示。时钟行走不到24小时，请问现在的准确时间是多少？

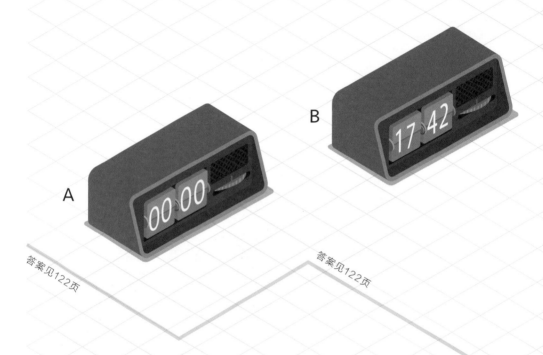

B

A

答案见122页

答案见122页

144

假如你口袋里有5.04英镑，包括四种不同面额的硬币，最大面额的是50便士。每一种硬币数量相等。请问每一种硬币有多少枚？它们的币值是多少？

145

和 是一对，

那么 和以下哪张图是一对 ❓

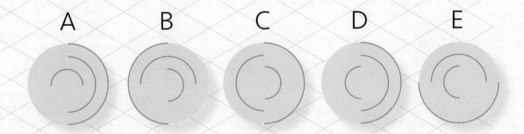

A   B   C   D   E

答案见122页

请问A、B、C
中哪一个符合下
面的序列？

答案见122页

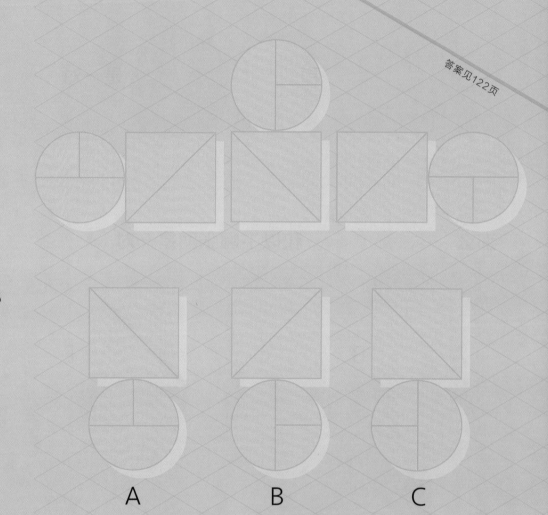

96

A B C

147

一个男孩在练习投篮。前20分钟，他平均每分钟投中2个。又经过25分钟的练习，总平均增加为每分钟投中7个。请问后25分钟，男孩平均每分钟投中多少个？

答案见123页

148

请问有几种不同的组合方式，使下面几个数中的三个数之和为20？每个数可以根据需要重复使用。

答案见123页

（2）（4）（6）（8）（10）（12）（14）

149

请问此路标上到Bot-swana（博茨瓦纳）有多少千米？

MOZAMBIQUE 55千米

SUDAN 32千米

SENEGAL 43千米

BOTSWANA ?

答案见123页

150

请问序列中问号处应填什么数字？为什么？

答案见123页

15	20	20	6	6	?
ONE	TWO	THREE	FOUR	FIVE	SIX

答案

01

Haiti（海地）、Ibiza（伊比沙岛）和
Bali（巴厘岛）

02

26分40秒

03

5（每一行前两位数减去第三位数等于后两位
数。）

04

× − + ÷

05

15:30

06

40和−8

− ÷ + ×

÷ + − ×

07

4（每个方格中的数字相加，总和为21。）

08

25（两个字母在26个字母表中对应的顺序数相加。）

09

8千米

10

23:00

11

7（每一列的总和为15、20、25、30和35。）

12

vanished

13

110千米

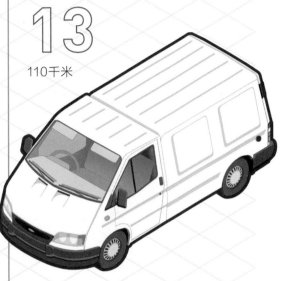

14

4（两个字母在26个字母表中对应的顺序数之差为所得数字。）

15

3（每个方格中，底部两个数字的积等于上面的数字。）

16

6（每个字母用构成它的线段数量代替后运算。）

17

两种方法

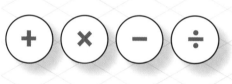

18

444千米/时

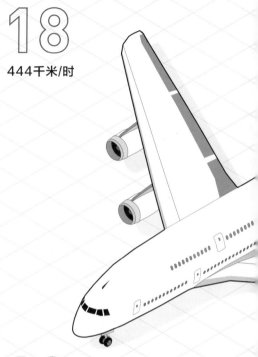

19

1（将前两个字母对应的26个字母表顺序数相加，减去第三个字母对应的顺序数便得出数字。）

20

27分钟

21

$4^2/_3$**升**

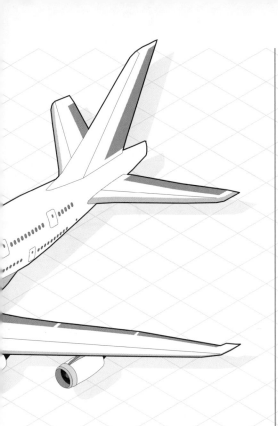

23

不能，缺少0.5升水。

24

120（分解数字为1×3、2×4、5×7、6×8、9×11、10×12等，依次为相邻奇数相乘，相邻偶数相乘。）

25

33

		85		
	33		52	
	12	21	31	
5		7	14	17
3	2	5	9	8

22

八种

14 + 4 + 4

10 + 6 + 6

10 + 10 + 2

8 + 8 + 6

14 + 6 + 2

12 + 8 + 2

12 + 6 + 4

10 + 8 + 4

26

840千米/时

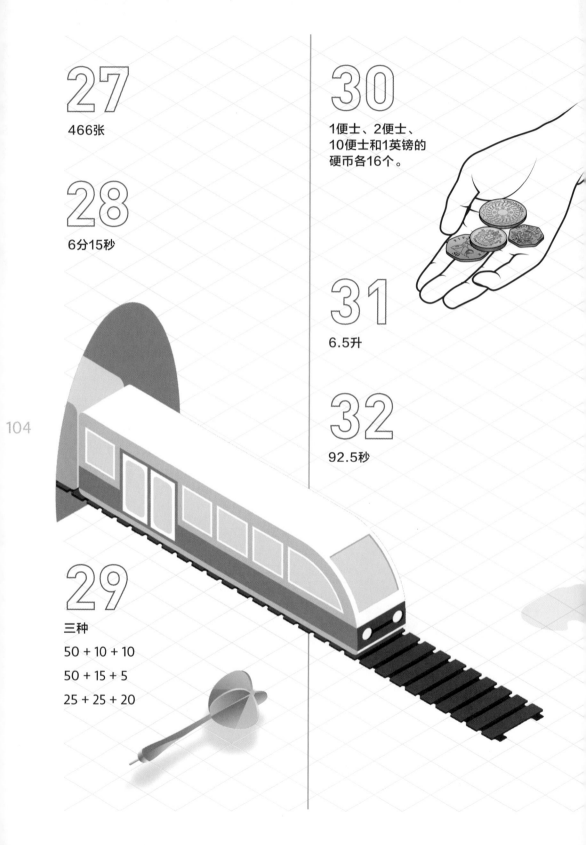

27

466张

28

6分15秒

29

三种

50 + 10 + 10

50 + 15 + 5

25 + 25 + 20

30

1便士、2便士、
10便士和1英镑的
硬币各16个。

31

6.5升

32

92.5秒

33

310（后一个数与前一个数的差分别为20、40、60、80和100。）

34

能，到达后还剩0.2升燃料。

35

1.25升

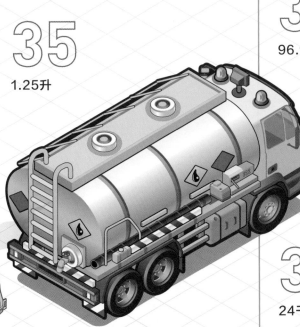

36

73（前两个数相加等于第三个数。）

37

E

38

96.1111千米

39

24千米

40

1（相邻两数的商依次是3、6、9、12。）

105

41

250

```
                          487
                250            237
          132          118          119
      79          53          65          54
  55          24          29          36          18
```

42

185只

43

65和18

第一行：　10×20=200
　　　　　10＋20=30
第二行：　11×15=165
　　　　　11＋15=26
第三行：　12×10=120
　　　　　12＋10=22
第四行：　13×5=65
　　　　　13＋5=18

44

南（指向"南、西、东、北、南、西"的箭头重复序列沿着顶行从左到右行进，沿着第二行从右到左返回，以此类推。）

45

北（指向"北、西、东、南"的箭头重复序列沿着第一列从上至下，然后沿着第二列从下至上，到第三列从上至下，以此类推。按行分析亦可。）

46

15000（后一个数除以前一个数的商组成的序列为20、15、10、5。）

47

2025千米（首字母在26个字母表中的顺序数代表前两个数字，尾字母在字母表中的顺序数代表后两位数。）

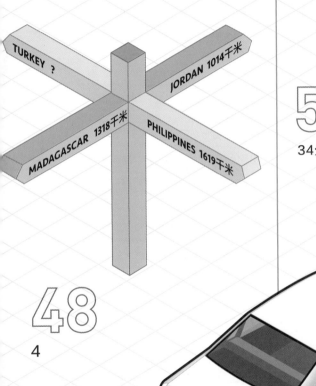

48

4

49

40（后一个数与前一个数的差为2、4、6、8、10的等差数列。）

50

31

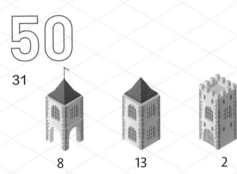

8　　　　13　　　　2

51

34分30秒

52

1（沿着每个边缘顺时针移动，第一个字母在26个字母表中的顺序数减去第二个字母在字母表中的顺序数得出角上的数字。）

53

F（每个圆中两边字母在26个字母表中的顺序数之和等于中间字母在字母表中的顺序数。）

54

奶酪、火腿、泡菜、糕点、咖喱、萨莫萨三角饺和沙拉。（相反的顺序也是对的。）

55

88

			199					
		111		88				
	62		49		39			
34		28		21		18		
24		10		18		3		15

56

259（其他每组数字中前两个数字的积等于第三个数。）

57

90（每个数依次可分解为1×2、3×4、5×6、…以此类推。）

58

125千米

59

北（指向"北、西、东、南、东、西"的箭头重复序列沿着顶行从左向右行进，沿着第二行从右向左返回，以此类推。）

60

105只

61

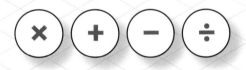

62

6（三角形每条边上的数字之和为18。）

63

向西走2千米

64

190

10　　　　70　　　　55

65

1/3升

66

1(每一个方块中下面两个数相加等于上面的两位数。)

67
19:00

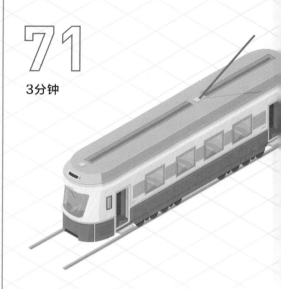

68
1（从顶部按顺时针移动，扇形区域三数之和递增1。）

69
9和24（每一行第一个数除以3得第二个数，第一个数减去3得第三个数。）

70
$108\frac{1}{3}$千米

71
3分钟

72
健身房12人，游泳4人，散步10人

73

190

74

每种九枚，分别为2便士、20便士、50便士和1英镑。

75

496.25升

76

第四行的1N按钮

77

五种：
15 + 5 + 5
10 + 10 + 5
12 + 10 + 3
15 + 6 + 4
15 + 10 + 0

78

18

2 5 9

79

35（左边的数字乘以3.5，得出右边的数字。）

80

$11\frac{1}{3}$ 升

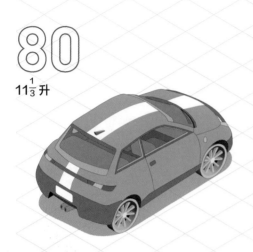

81

6个

82

四种：
10 + 2 + 2
6 + 4 + 4
6 + 6 + 2
8 + 4 + 2

83

20千米

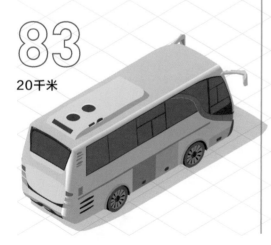

84

星期一
十六号
4个
星期三

85

2（每一行第一个数加第二个数等于最后一个数，第三个数加第四个数也等于最后一个数。）

86

(17 + 13) ÷ 6 = √25

87

#（"#、%、$、£、~、X"的序列沿着第一列向下运行，再沿第二列向上循环，以此类推。）

88

200千米/时

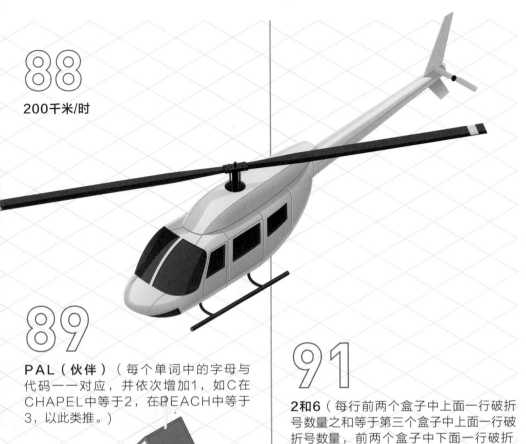

89

PAL（伙伴）（每个单词中的字母与代码一一对应，并依次增加1，如C在CHAPEL中等于2，在PEACH中等于3，以此类推。）

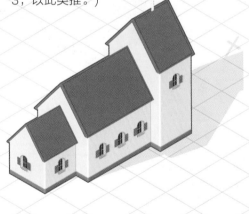

91

2和6（每行前两个盒子中上面一行破折号数量之和等于第三个盒子中上面一行破折号数量，前两个盒子中下面一行破折号数量之积等于第三个盒子中下面一行破折号的数量，如1+2=3，4×1=4。）

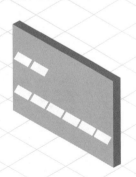

90

16千米（首字母和尾字母在26个字母表中对应的顺序数之和等于单词后面的千米数。）

92

68千米

100（每个单词中的罗马数字之和为观众
人数。）

3（上方三个数之和等于下面的数
字，8+3+2=13。）

211

$$
\begin{array}{ccccc}
& & 474 & & \\
& 263 & & 211 & \\
146 & & 117 & & 94 \\
84 & & 62 & & 55 & & 39 \\
60 & & 24 & & 38 & & 17 & & 22
\end{array}
$$

23：00

95

2（首位数和末位数的积等于中间的两
位数。）

114

96

24千米

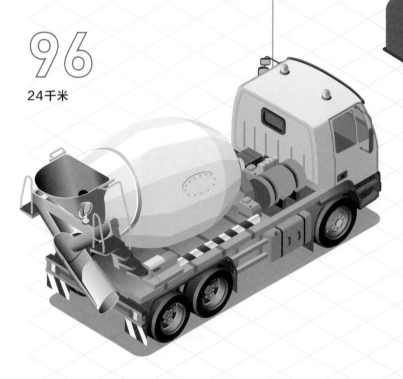

99

435

85　　　100　　　125

100

8（每个扇形区域外圈数字之和等于对角
线位置扇形区域内圈的数字。）

101

27（外围数字与中间数字的和再乘以中间的
数等于对角线上的数字，如18+3=21，
21×3=63。）

102

90和21（第一行第一个数乘以3等于第二个
数，第一个数加3等于第三个数。第二行第一
个数乘以4等于第二个数，第一个数加4等于
第三个数，以此类推。如 9×3=27, 9+3=12;
16×4=64, 16+4=20。）

103

78

　　　　　　　175
　　　　　78　　　97
　　　30　　　48　　　49
　　9　　　21　　　27　　　22
8　　　1　　　20　　　7　　　15

104

1分12秒

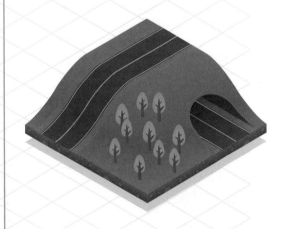

105

7（对角线位置的扇形区域内三数之和相
　等。）

106

3（左边的数十位数和个位数之差等于右
边的数。）

107

80和38

第一行：15×6=90
　　　　15-6=9
第二行：21×5=105
　　　　21-5=16
第三行：33×4=132
　　　　33-4=29
第四行：24×3=72
　　　　24-3=21
第五行：40×2=80
　　　　40-2=38

108

46

20　　16　　5

109

88千米/时

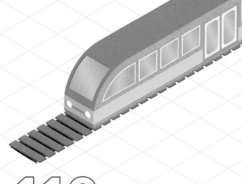

110

60（左边的数加1再乘以2等于右边的
数。）

111

1小时12分钟

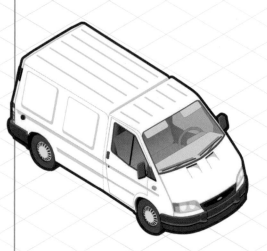

112

2（从最顶端的数字开始，以顺时针方向，前三个数相加再减去第四个数得出最后一个数，2+5+4-9=2。）

113

15千米（每个单词末位字母在26个字母表中对应的顺序数为后面的千米数。）

114

D（每一行或每一列前两个方块中的实心圆的数量之差等于最后一个方块中实心圆的数量，空心圆的数量之和等于最后一个方块中空心圆的数量。）

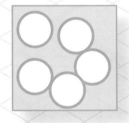

115

12（左边圆圈里两个数字之和等于右边圆圈里的数。）

116

30千米/时

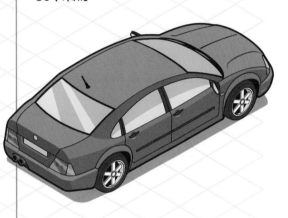

117

B（A、C、D中第二、第三条线上的三角形和正方形都是深色阴影，第四条线上的圆圈都是双色。）

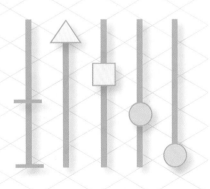

118

2

```
3 2 5 1 4        3 2 5 1 4
1 4 3 2 5        4 5 3 2 1
2 5 1 4 3  或   2 4 1 5 3
4 3 2 5 1        1 3 2 4 5
5 1 4 3 2        5 1 4 3 2
```

119

5（每个方块中右边两数的积等于左边的数。）

120

6和9（每个方块中上面两数之和等于左下角的数，上面两数之积等于右下角的数。）

121

游泳 27人
拳击 9人
有氧健身操 21人

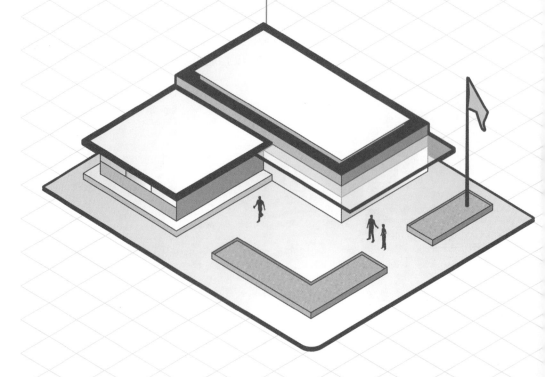

122

G（每个字母数值为其在26个字母表中的顺序数。第一个字母的数值与第二个字母的数值的两倍之差，得出第三个字母的数值。）

123

4（每一组中，左边两个数相加之和与右边两个数相加之和都等于顶端的数字。）

124

5分、10分、25分和1美元的硬币各12枚。

125

34分30秒

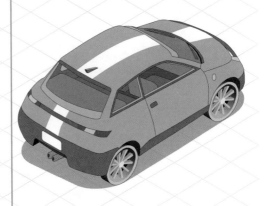

126

3（每一行左边两位数减去右边的两位数等于中间的数。）

127

A

128

548（其他三位数中间数字和首位数字的商应等于最后一位数。）

129

35和−15

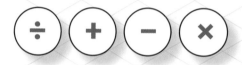

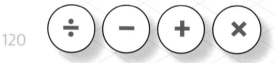

130

÷，×，+，−

131

530（其他数都是平方数。）

132

6分7.5秒

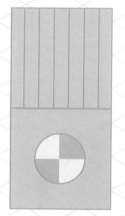

133

D

134

6（三角形每条边长之和等于20。）

135

4升

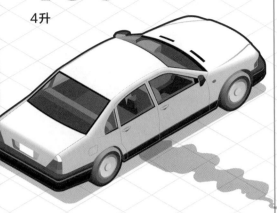

136

91（A=17， B=24， C=33）

137

85千米

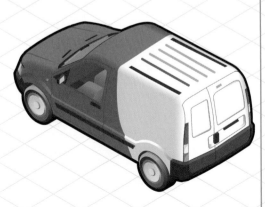

138

意大利菜8人，中国菜2人，
印度菜7人

139

15　　19＋8=27,27＋8=35
　　　18＋6=24,24＋6=30
　　　10＋4=14,14＋4=18
　　　11＋2=13,13＋2=15

140

B

141

B

142

不能，还差1.625升水

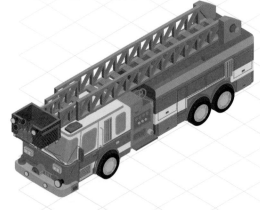

143

19：30

144

1便士、2便士、10便士和50便士的硬币各八枚

145

A

146

C

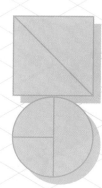

147

11个

148

七种

12 + 4 + 4

8 + 6 + 6

8 + 8 + 4

14 + 4 + 2

12 + 6 + 2

10 + 8 + 2

10 + 6 + 4

149

53千米（单词中辅音的数量为第一个
数字，元音的数量为第二个数字。）

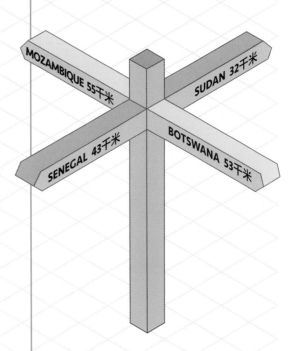

MOZAMBIQUE 55千米

SUDAN 32千米

SENEGAL 43千米

BOTSWANA 53千米

150

19（数字表示下面单词首字母在
26个字母表中的顺序数，
如o=15，t=20，s=19。）

解谜笔记